Thomas Unruh · Lebenslang Lehrer?

Inhalt

↘ TEIL 2: Infos und Tipps

Einleitung

»Alternativen zum Lehrerberuf« – für wen mag dieses Thema interessant sein in Zeiten, in denen sich die Bundesländer gegenseitig die Lehrer abspenstig machen; in denen, wie in den frühen 1970er-Jahren, rote Teppiche für Lehrerinnen und Lehrer ausgerollt werden? In Zeiten, in denen selbst Referendare mit schlechten Examina gerne eingestellt werden? In wirtschaftlich unsicheren Zeiten, in denen sogar Quereinsteiger aus ganz anderen Berufen, vorzugsweise Naturwissenschaftler, in den Schuldienst eingestellt werden und der Run aus anderen Berufen in den sicheren Beamtenhafen des Lehrerdaseins nicht unerheblich ist? Kurz: Jeder, der Lehrer werden will, wird doch heute eingestellt! Wer also braucht Alternativen zum Lehrerberuf?

Wer dann aber bei Google die Suchbegriffe »Alternativen zum Lehrerberuf« oder »Lehrer Alternativen« eingibt, wird förmlich erschlagen von der Anzahl der gefundenen Websites und Links. Der Bedarf nach Tipps und Hilfen scheint riesig zu sein. In Foren tauschen sich diejenigen aus, die offensichtlich aufs falsche Pferd gesetzt haben, die zutiefst unglücklich sind, die sich oftmals extrem unwohl fühlen in ihrem Lehrerberuf. Und das gilt für junge Lehrerinnen und Lehrer genauso wie für ausgebrannte »alte Hasen«. Typisch und stellvertretend für viele andere schreibt »Rosi83« in einem Chatroom für Referendare:

> »Nun sitze ich hier am Schreibtisch und plage mich mit Durchfall, Erbrechen und Fieber herum ... meiner Ansicht nach nur Symptome für meine eigentlichen Probleme. Bin mittlerweile 29 Jahre alt, habe mein Erstes Staatsexamen Lehramt an Gymnasien in Sport, Musik und Ethik absolviert und mein Referendariat an der Schule vor drei Monaten begonnen. Dafür musste ich meine gewohnte Umgebung aufgeben, d.h. umziehen. Habe schon einige neue Leute kennengelernt, bin in einem neuen Sportverein, die Kollegen sind soweit ganz nett, sogar die Seminarleiter sind okay, die Schüler sind halt Schüler ... soweit alles normal. Nur fühle ich mich schon seit Wochen wie im falschen Film, völlig fehl am Platze. Mir fehlt völlig die Motivation,

ich habe Schlafstörungen, kann kaum abschalten, suche im Internet nach Job-Alternativen ... es macht mir einfach keinen Spaß. Die Stunden, die ich bis jetzt gehalten habe, waren okay ... ich war eigentlich auch ganz zufrieden, aber ich kann mir nicht vorstellen, länger in diesem Beruf zu arbeiten. Gleichzeitig mache ich mich mit meinen Selbstzweifeln und meiner Demotivation selber fertig ... ein Teufelskreis. Und dabei brauchen Schüler doch motivierte, engagierte und lebensbejahende Vorbilder ... Ich kriege immer wieder den Ratschlag, erst mal weiterzumachen, das seien eben die Anfangsschwierigkeiten des Lehrerberufs. Aber wenn ich jetzt schon solche Probleme habe ... wie soll es dann erst werden, wenn der Druck noch zunimmt???
Im Moment sträubt sich mein Innerstes, ja sogar mein Körper gegen die Schule. Wenn ich an den Unterricht denke, wird mir schon schwindlig. Aber wenn ich genau hinschaue, dann macht mir vor allem die Hilflosigkeit Angst, die ich den Kindern gegenüber empfinde, die Disziplinprobleme halt. Habe schon ein paar Chaosstunden hinter mir und weiß, dass das nicht die letzten sein werden. Woran das liegt, weiß ich auch: zu freundliche Stimme, zu lieb, zu nachsichtig ... Ich habe schon ein paar Bücher über guten Unterricht gelesen, weiß also theoretisch, was zu tun ist: klare Ansagen, klare Struktur, klare Aufgaben, straffe Unterrichtsplanung, hoher Eigenanteil der Schüler und vor allem gaaaaanz viel Gelassenheit, weil fast jeder Anfänger mit solchen Problemen kämpft. Sich nicht versteifen, sich öfters mal was Gutes tun, an der Methodik und Didaktik feilen ... DAS WEISS ICH ALLES, beschäftige ich mich doch Tag und Nacht damit. Aber irgendwie komme ich mit dem Gedanken nicht klar, die nächsten zwei Jahre in dieser Tretmühle zu sein, und so wie's aussieht, schaue ich mich danach sowieso nach was anderem um. Und jetzt kommen auch noch Selbstvorwürfe (›Wie konntest du nur so lange in jenem Beruf studieren‹, ›Sicher merken die Kinderchen deinen Unmut‹) und Unlust zusammen. Ich weiß aus den Gesprächen mit anderen, dass die ähnliche Probleme haben, doch das hilft mir auch nicht weiter. Eigentlich kann ich ganz gut mit Kindern, viele bewundern mich für meine Engelsgeduld und mein Verständnis, aber wenn die Zecken in geballter Zahl auftreten, dann verlassen mich Kraft, Mut und Zuversicht. Noch nicht mal neun Wochen im Schuldienst und schon überfordert !!!!!
Zweifel hatte ich schon im Studium, habe mir aber Klarheit in der Praxis erhofft. Und jetzt? Soll ich mich durchbeißen, auch wenn's aufs Gemüt schlägt? Zwei Jahre Referendariat und Zweites Staatsexamen und hinterher doch was ganz anderes mache oder lieber gleich nach Alternativen suchen?«

Und »Gast« antwortet im selben Forum:

> »Hallo Rosi83, mir geht's ganz ähnlich wie dir.
> Mich macht mein Referendariat gerade fertig: die tägliche Pendelei (100 Kilometer Landstraße hin und zurück), das Hin- und Hergerissensein zwischen Seminar und Schule: Seminar = Hausaufgaben machen, Referate halten, sich bewerten lassen, Extraveranstaltungen am Wochenende; Schule = Konferenzen, Schulleiter, ständig beobachtet werden. Nur vier Stunden Schlaf pro Nacht, weil man ja um 5 Uhr raus muss, aber erst um 1 Uhr ins Bett kommt. Langsam aber sicher beginnt der Körper zu streiken …
> Und da soll man noch Zeit für die Schüler haben? Das Ref stiehlt einem doch so viel Zeit, nimmt einem alle Kraft. Ständig steht man unter diesem Prüfungsdruck, eine Lehrprobe folgt der nächsten. Am Ende weiß man noch nicht mal, ob man die Lehrproben besteht. Am liebsten würde ich abbrechen, aber ich habe nur noch ein halbes Jahr. Kommt mir vor wie eine Ewigkeit, als ob ich schon immer in dieser Hölle wäre.
> Am liebsten würde ich alles hinschmeißen, ich hasse das Ref. Es hat mich so richtig negativ und depressiv gemacht, dabei war ich vorher ein lebensfroher Mensch! Seit ich im Ref bin, sind schon zwei gute Bekannte von mir gestorben, beide noch recht jung. Seit ich im Ref bin, habe ich die Liebe meines Lebens verloren, weil ich immer so unter Druck bin. Die guten Zeiten sind so weit weg …
> Geht es etwa so weiter? Einige sagen, nach dem Ref wäre der Lehrerberuf sehr schön! Andere erzählen, es ginge grad so weiter. Wenn das der Fall ist, dann sollten wir uns lieber gleich was anderes suchen. Was nützt es, ein sicheres Lehrergehalt zu haben, wenn man innerlich tot ist und nicht mehr lachen kann? Dann verdiene ich lieber weniger und bin dann aber wieder ein fröhlicher Mensch …
> Tut mir leid, dass ich so negativ schreibe. Aber im Ref muss man ja seinen Mund halten, man wird die ganze Zeit beobachtet und bewertet. Es ist jetzt halt aus mir herausgeplatzt, ich konnte es nicht mehr zurückhalten: Ich hasse das Ref und ich hasse mein Leben.«

Aber nicht nur Berufsanfänger und Referendare tauschen sich in großer Zahl über ihr Leid im falschen Beruf aus, sondern auch »alte Hasen«. So schreibt beispielsweise »Erschöpfter« auf einer Lehrerplattform:

»Morgens zähle ich sie ab: Delix, Atenolol, ein halbes Aspirin protect, Rifun und mein Antidepressivum Bromazep. Ach ja: Abends habe ich immer das Simvastatin vergessen, darum nehme ich es jetzt auch noch morgens.
Vierzigjähriges Dienstjubiläum gerade noch geschafft, aber bis zum Ende im nächsten Jahr muss ich mich wohl weiter quälen, weil die eigenen Kinder noch studieren bzw. ›Generation Praktikum‹.
Habe mehrmals überlegt, meinen Kindern den Lehrerberuf nahezulegen, dann müssten sie allerdings noch länger studieren, weil sie bisher nur auf Magister/Master studieren. Werde es vielleicht in den nächsten Tagen mit ihnen erörtern, dann aber mit der deutlichen Warnung, dass dieser Job spätesten mit Fünfzig zur Hölle werden kann. Ich unterrichte in meinem Alter tatsächlich noch mit voller Stundenzahl, schaffe das aber nicht mehr ohne mein Tabletten-Doping.
Ich finde es gut, dass sich viele junge Kollegen ganz ernsthaft fragen, ob der Lehrerberuf das Richtige für sie ist. Die meisten von ihnen liegen mit ihrem Berufswunsch bestimmt richtig. Dann aber kommt die grausame Wirklichkeit in Form von inkompetenten Bildungsfuzzis, immer neuen Kaputtmach-Reformen, immer neuen Aufgaben, mit denen die Schulen zugemüllt werden, immer rotzfrecheren Eltern und deren Brut – Forderungen über Forderungen, denen man die Stirn zu bieten im Laufe des Berufslebens immer weniger Kraft hat. Zum Schluss bist du ein Zausel und Idiot, ein Kandidat für die Klapsmühle und ein Pillenfresser, der in jeder Dopingkontrolle mit Pauken und Trompeten durchfallen würde.
Wer sich für den Lehrerberuf entscheidet, sollte auch eine Ahnung davon haben, wie die Zeit ›nach dem Zenit seiner Schaffenskraft‹ aussieht. Ein Leben lang Pauker? Schnitzt euch schon mal euer Mo-Di-Mi-Do-Fr-Sa-So-Pillendöschen!«

Das, wie gesagt, nur ein kleiner exemplarischer Ausschnitt aus einer Fülle von Beiträgen in Internetforen. Der drastische Ton lässt erschrecken, man mag sich kaum vorstellen, welche Schicksale sich hinter diesen Worten verbergen.

Angesichts der riesigen Zahl von Fundstellen im Internet scheint es eine überraschend große Zahl von Lehrerinnen und Lehrer zu geben, die sich in ihrem Beruf extrem unwohl fühlen, die oftmals fast händeringend auf der Suche sind nach Alternativen außerhalb von Schule und Unterricht.

Und gleichzeitig gibt es nicht wenige Lehrerinnen und Lehrer, die sich in ihrem Beruf eigentlich durchaus wohlfühlen, die aber dennoch auf der Suche nach etwas Neuem sind. Solche Träume sind gerne Thema auf Partys, und sie sind häufig nach den Sommerferien besonders ausgeprägt: »Ja, ein schönes Restaurant aufmachen, das hätte was!«, »Die Sprachschule in Barcelona ...!«, »Mich als Coach oder IT-Berater selbstständig machen ...«

Und natürlich kennt auch jeder Beispiele aus seinem Bekanntenkreis oder von Prominenten, die es geschafft haben auszusteigen: die Ex-Lehrer, die heute Moderatoren im Fernsehen sind, Filmemacher, Journalisten, Politiker. Und natürlich diejenigen, die sich ihre Ausstiegsträume erfüllt haben, die Künstler, Musiker oder Imker geworden sind und damit sogar finanziell ganz gut über die Runden kommen. Das gilt natürlich nicht nur für Ex-Lehrer. Und dann gibt es noch diejenigen, die früh angefangen haben, für vergleichsweise wenig Geld Häuser zu kaufen, zu renovieren und für gutes Geld weiterzuverkaufen, um mit dem erlösten Geld neue Häuser zu kaufen und so weiter – Prinzip Monopoly.

Oder diejenigen, die aussteigen mussten, weil sie beispielsweise ihr Zweites Staatsexamen nicht bestanden haben oder weil bestimmte biografische Ereignisse oder Krankheiten ihnen keine Wahl ließen.

Manch einer von denen, die Alternativen zum Lehrerberuf gesucht und gefunden haben, hat schlicht realisiert, dass er über andere Kompetenzen verfügt als solche, die im Lehrerberuf gefragt sind. Dass er zum Beispiel besser musizieren, schreiben oder planen kann und mag, als sich jeden Vormittag mit Kindern und Jugendlichen abzumühen und rumzuärgern.

Last but not least gibt es eine wachsende Anzahl von »Aussteigern auf Zeit« – Lehrerinnen und Lehrern, die die Möglichkeit eines Sabbatjahres nutzen, beispielsweise für lange Reisen, um Bücher zu schreiben, um zu promovieren oder einfach nur Luft zu holen.

In diesem Buch sollen Menschen zu Wort kommen, die Alternativen gesucht und gefunden haben. Ihre Geschichten und Fragen, ihre Stolpersteine und Bedenken, ihre Erfolge sollen all denjenigen Anregungen geben, die aus den unterschiedlichsten Gründen selbst auf der Suche sind. Die Geschichten sollen diejenigen ermutigen, die gerne etwas anderes machen wollen, sich aber (noch) nicht trauen.

Im *ersten Teil des Buches* berichten Menschen von ihren Erfahrungen bei der Suche nach und der Umsetzung von Alternativen: Warum wollte ich eigentlich mal Lehrer/in werden? Was hat mich warum und wann zweifeln lassen? Warum wollte ich nicht (mehr) Lehrer/in sein? Woran habe ich gemerkt, dass ich mich für den Lehrerberuf weniger eigne? Wie bin auf neue Ideen gekommen? Wo habe ich Rat und Hilfe gefunden? Was würde ich anderen raten, die auf der Suche sind? Welches Vorgehen hat sich bewährt, welches nicht?

Die Berichte sind Transkripte von Interviews, das heißt, die Menschen erzählen in gesprochener Sprache und bringen dadurch ihre Nachdenklichkeit, oft auch ihre Unsicherheit, ihre Fragen und Gefühle besser zum Ausdruck, als dies in schriftlichen, sorgfältig bearbeiteten »Statements« der Fall wäre.

Diese sehr offenen Berichte sollen Leserinnen und Leser anregen, ihre eigene Situation zu überdenken, vielleicht sich selbst wiederzufinden. Sie sollen Ideen und Impulse bekommen für die Arbeit an den eigenen Themen und Fragen. Die Berichte liefern keine Rezepte, sind keine »How-to«-Anleitungen. Sie bieten aber ein großes Spektrum von Menschen, die für sich höchst unterschiedliche Alternativen zum Lehrerberuf gefunden haben oder dabei sind, sich solche zu erarbeiten.

Im *zweiten Teil des Buches* finden sich »Hardfacts« – konkrete Antworten, Lösungen und Tipps zu den wichtigsten Fragen, die ein Aus- und Umstieg mit sich bringt.

↘ TEIL 1

Erfahrungsberichte

»Ich möchte nicht wieder zurück. In die Schule, die ich heute erlebe, möchte ich nicht als Lehrer wieder zurück, und das ist ganz typisch, glaube ich. Wer einmal raus ist, der will was anderes.«

Ulrich de Vries | Jahrgang 1951 | Gymnasiallehrer aus Hamburg
Vertriebsaußendienst in einem Schulbuchverlag

»Nach dem Abitur, da wollte ich eigentlich Jura studieren. Ich hatte mir vorgestellt, nicht Rechtsanwalt zu werden, sondern in den Staatsdienst zu gehen, entweder als Staatsanwalt, aber eigentlich als Richter. Als ich Soldat war, da hat sich mein ganzes Weltbild geändert. Ich wollte danach nicht mehr in so einen harten, bösen Beruf, wo man Menschen beurteilt, wo man Menschen verurteilt, ich wollte in einen weicheren Beruf. Ich wollte, wie man das immer so blöde sagt, ›mit Menschen zu tun haben‹. Und dann bin ich auf den Lehrerberuf gekommen.

Ursprünglich hatte ich mir die Fächer Deutsch und Biologie ausgesucht, und da ist dann Deutsch und Politik draus geworden. Ich habe eigentlich nie gesagt, ich möchte gerne mit jungen Menschen zusammen sein und ich möchte gerne jungen Menschen was beibringen, so ausgeprägt war das eigentlich gar nicht. Mich haben eher die Fächer gereizt, ursprünglich Deutsch und Biologie, dann Deutsch und Politik, die Zusammenhänge auch zwischen den Fächern. Geschichte ist dann später als Unterrichtsfach dazugekommen. Dass mir der Lehrerberuf Spaß macht, das habe ich eigentlich erst als Lehrer gemerkt, und dass das der richtige Beruf für mich ist, habe ich auch erst als Lehrer gemerkt.

Ich habe 1970 Abitur gemacht, habe mich für zwei Jahre als Soldat verpflichtet, habe aber dann den Kriegsdienst verweigert, bin einmal durchgefallen, habe dann ganz ausgeglichen neun Monate Wehrdienst gemacht und neun Monate, wie es damals noch hieß, ›Ersatzdienst‹. Nach dem Referendariat bin ich ab 1980 dann Lehrer gewesen.

Wir hatten natürlich damals alle Angst, ob man direkt übernommen wird, gerade mit dieser Fächerkombination Deutsch/Sozialkunde. Aber ich hatte keine Probleme, ich hatte gute Zensuren, und dann war das ein nahtloser Übergang. Wir hatten uns eigentlich alle auf eine Wartezeit nach dem Referendariat eingerichtet und hatten uns auch darauf gefreut, nach dem Examen erst mal ein halbes Jahr Ruhe zu haben. Hinterher habe ich gewusst, wie entscheidend das für mich gewesen ist, dass ich sofort reingekommen bin, denn so bin ich damals fast der Letzte gewesen, der noch einigermaßen unproblematisch eingestiegen ist. Und anderthalb Jahren später bin ich Beamter geworden.

Die Referendarzeit, das war nicht so die fröhlichste Zeit. Die Seminare waren zum Teil ein bisschen sehr theoretisch, ein bisschen langweilig, erinnerten mich auch zu sehr an die Uni. Es waren wieder die gleichen Leute, die sich an der Uni wichtig getan und in den Vordergrund gespielt hatten, die traf man dann in den Seminaren wieder. Aber die Tätigkeit in den beiden Ausbildungsschulen, die Zusammenarbeit mit dem ›Anleiter‹, wie es damals noch hieß, die Kooperation mit den Schülern, das hat mir Spaß gemacht. Vor allen Dingen an meiner ersten Ausbildungsschule. Da war eine sehr aktive Theatergruppe, und da blühte mein Herz auf. Wenn es das schon zu meiner Zeit als Student gegeben hätte, hätte ich da mitgemacht. Da merkte ich, ich habe eine Nische gefunden, da will ich rein, das will ich selber machen, und während des Referendariats war das mein Ziel: ›Ich will unbedingt an ein Gymnasium, wo ich eine eigene Theatergruppe haben kann.‹ Das war fast wichtiger als alles andere.

Und das hat auch so geklappt. Ich kam dann an eine Schule, da habe ich eine Arbeitsgemeinschaft Darstellendes Spiel aufgebaut. Ich habe mich immer dagegen gewehrt, dass das Prüfungsfächer wurden, dass das Unterrichtsfächer wurden. Das sollte etwas sein, was nicht mit Noten verbunden ist. Das sollte einfach nur Freude machen, das sollte freiwillig sein, ohne Notendruck, ohne Klausuren zu machen, und so haben wir es dann auch gemacht.

Ich war am Stadtrand von Hamburg, in Niedersachsen, an einer Schule, wo wirklich die Welt in Ordnung war. Ich will nicht sagen, wir hatten keine Drogenprobleme, das haben wir vielleicht einfach nur nicht gemerkt. Vielleicht hatten wir die Drogenprobleme, aber sie sind uns nicht bewusst geworden. Aber wir hatten weder gewalttätige Schüler noch hatten wir auffällige Schüler, ja, wir hatten so das Normale, wie Schüler eben sind – dass sie ihre Hausaufgaben nicht machen, dass sie mal zu spät kommen. Aber es war eine heile Welt, wirklich.

Wirkliche Probleme, Disziplin herzustellen und Respekt zu erlangen, hatte ich nicht. Ich habe es einmal gehabt in einem Leistungskurs. Die Bande wurde nicht ruhig. Ich habe vorne an der Tafel gestanden, habe sie angeguckt und die redeten einfach weiter. Das habe ich mir fünf Minuten angeguckt, dann bin ich rausgegangen, habe mich ins Lehrerzimmer gesetzt, und dann sind sie gekommen. Dann habe ich gesagt: ›Ja, Sie hatten ja kein Interesse am Unterricht, ich bleibe im Lehrerzimmer!‹ Und das sprach sich rum, und das hat sich nie wiederholt.

Ich habe dann mitbekommen, dass man eine zweijährige Weiterbildung als Beratungslehrer machen kann, und das habe ich auch gemacht. Da habe ich dann noch mehr profitiert, weil ich noch Sachen gelernt habe, die ich unheimlich gut in meinem Unterricht umsetzen konnte. Da war man natürlich auch privilegiert, dass man ein eigenes Zimmer hatte, ein eigenes Telefon mit Amtsanschluss, um vertrauliche Gespräche führen zu können.

Also, all das hat mir Spaß gemacht, und es war der richtige Beruf für mich.

Ich habe mich immer schwergetan damit, wenn jemand sagte: ›Ich bin zwei Jahre Zeitsoldat gewesen, ich bin Reserveoffizier gewesen, und da habe ich Menschenführung gelernt.‹ Da habe ich mir gedacht: ›Das hört sich so an, du hast im Grunde genommen Befehle erteilt, und die anderen mussten gehorchen, aber du hast nicht gelernt, Menschen zu führen.‹ Ich weiß nicht, ob ich Menschenführung gelernt habe, aber den Umgang mit Menschen, den Umgang mit Gruppen – wie verhält man sich als Moderator, als Trainer, als Lehrer vor einer Gruppe, wie geht man mit einer Gruppe um, was darf man tun, was darf man nicht tun –, das habe ich sicherlich als Lehrer gelernt, und das ist mir auch später zugutegekommen in meiner jetzigen Tätigkeit.

Als Lehrer habe ich Menschenführung gelernt, wobei ich das damals und auch heute nicht als Menschenführung bezeichne. Ich habe Menschen nicht geführt. Ich bin mit Menschen umgegangen. Ich habe mich mit ihnen gemeinsam in Lernumgebungen bewegt, und wir haben gemeinsam was gelernt. Nicht ich habe ihnen was beigebracht, aber ich habe Lernumgebungen bereitgestellt, in denen sich junge Menschen vermutlich wohlgefühlt haben und in denen sie dann etwas gelernt haben.

Aber es gab einen großen, ganz gravierenden Punkt, der mich immer belastet hat, das waren die leidigen Korrekturen. Kein Wochenende war korrekturfrei. Den Samstag habe ich mir immer freigenommen. Wir hatten lange Jahre auch am Samstag noch Unterricht, mindestens vier Stunden, das heißt, da war schon mal der halbe Samstag weg. Dann habe ich den Samstagnachmittag, den Samstagabend dann wirklich freigenommen. Und am Sonntag, so nach dem Frühstück, da fingen die Korrekturen an, in der Regel durch bis 18 Uhr, bis zum Abendbrot, nicht immer ganz zielgerichtet. Es gab auch dann Tage, wo man auf der Terrasse gewesen ist, wo man Rad gefahren ist, aber viele Sonntage sind mit den leidigen Korrekturen draufgegangen.

Selbst die Fächer Geschichte und Sozialkunde in der Sekundarstufe II, das sind lange Texte, die sind aufwendig zu korrigieren. Ich habe mal mit einem Kollegen gesprochen, der sagte: ›Ich habe eine 6. Klasse in Englisch, ich habe die Klassenarbeit ganz pflegeleicht gemacht, aber ich sitze an einer Arbeit insgesamt doch eine halbe Stunde. Ich habe 30 Schüler, das heißt, es sind 15 Stunden Korrekturzeit. 15 Stunden Korrekturzeit, das sind zwei volle Arbeitstage. Eine Klassenarbeit, zwei volle Arbeitstage!‹

Wenn ich jetzt zurückblicke und mich jemand fragt, was hat dich denn am Lehrerberuf gestört, dann würde ich sagen: die Korrekturen – die Tatsache, dass ich nie die Osterferien wirklich vollkommen frei hatte, nie die Herbstferien, nie die Weihnachtsferien, nur die Sommerferien, das waren wirklich lange sechs Wochen, auf die man sich gefreut hat. Ansonsten war immer das schlechte Gewissen. Wenn man Abiturklausuren hatte, man fuhr nach Dänemark, dann hat man sich vorher ganz genau ausgerechnet: ›Wie viele Aufgabenteile muss ich pro Tag korrigieren, damit ich am Ende fertig werde?‹ Ich bin im Urlaub gewesen, aber ich habe im Urlaub auch korrigieren müssen. Es ging gar nicht anders.

Der entscheidende ›turning point‹ war aber letztlich eine private Sache. Das war die Trennung von der Ehefrau. Das war die Ehescheidung. Das alleine hätte natürlich nicht dazu geführt, dass ich den Beruf aufgegeben hätte.

Da war ich 34. Ich habe zwischen Studium und Referendariat geheiratet, die Ehe wurde immer krisenhafter, wurde immer problematischer, es ging einfach nicht mehr. Das alleine, ja, das wäre eine private Belastung gewesen, die man eben privat verarbeitet hätte. Vielleicht hätte ich mir eine Selbsthilfegruppe gesucht, aber eher nicht, weil der Typ war ich eigentlich nicht. Ich hätte versucht, selber damit fertig zu werden, und hätte Privates und Berufliches voneinander getrennt.

Meine Wohnung war 700 Meter von meiner Schule entfernt, da hatte ich nie Probleme mit. Kollegen haben immer gesagt: ›So dicht, das ist nicht gut‹, und das bewahrheitete sich dann. Das heißt, da ist meine Frau zu Kollegen gegangen und hat ihnen von den Eheproblemen erzählt. Das war das eine. Also, sie hat diesen privaten Konflikt in meine Schule hineingetragen, in meine Arbeitssituation.

Und es kam hinzu, ich wurde Beratungslehrer. Das wollte auch jemand anders schon früher machen, der fühlte sich übergangen, auch vom Schulleiter ausgetrickst, so nach dem Motto, das ist nicht gemeinsam besprochen worden, ich hätte das heimlich gemacht. Wenige Monate später wurde dann auch eine A14-Stelle ausgeschrieben, und die wurde mir sozusagen auf den Leib zugeschrieben. Das wusste dann auch jeder, das ist meine A14-Stelle. Das brachte dann das Fass zum Überlaufen: ›Warum er, warum nicht andere, die schon länger da sind, warum schon wieder ein Mann, warum nicht eine Frau?‹ Und dann ging meine Frau zu der Kollegin, die auch die A14-Stelle haben wollte, und man kann sich vorstellen, was dann passierte: Dann brach das Kollegium in der Mitte auseinander, die einen waren strikt für mich, die anderen waren strikt gegen mich, und es brodelte monatelang im Kollegium mit Dienstbesprechungen und Sitzungen. Es ging bis in die Schulspitze hinein, der Schulleiter für mich, der stellvertretende Schulleiter gegen mich.

Da war der Punkt, dass ich hinschmeißen wollte. Ich dachte, ich gehe an das Nachbargymnasium. Da sagte mir ein Schüler: ›Wenn Sie das tun, das hilft Ihnen überhaupt nichts. Die Geschichte läuft ihnen hinterher, dann geht dort der Konflikt los. Wenn, dann müssen Sie schon weiter weggehen.‹ Das hätte bedeutet, ich hätte eine Entscheidung treffen müssen, ich hätte, was weiß ich, in den Regierungsbezirk Braunschweig gehen müssen oder in den Harz oder nach Ostfriesland. Das hätte für mich bedeutet, ich trenne mich von allem, was ansonsten mein Leben ausmacht. Ich hätte meine Wohnung verkaufen müssen, ich hätte umziehen müssen, ich hätte mir irgendwo was Neues aufbauen müssen, wäre da ganz alleine gewesen, denn die Ehe war beendet, was Neues hatte ich nicht.

Meine Angst war, ich hocke nachher als A13-er ganz alleine in Lüchow-Dannenberg und fange das Trinken an. Und gehöre dann da zu den vertrottelten Studienräten, die schlumpfig gekleidet morgens in den Unterricht dackeln, und wo man dann sagt, na ja, das ist so typisch Lüchow-Dannenberg, weil da enden die ganzen Chaoten, die gescheiterten Existenzen. Das wollte ich nicht. Ich wollte vor allen Dingen nicht von Hamburg weg, ich wollte nicht aus diesem Milieu heraus, ich wollte mich nicht von meinen Freunden trennen.

Also, ich hätte ganz von vorne anfangen müssen, und der

Schritt, der ist mir schlimmer vorgekommen, als den Lehrerberuf aufzugeben und etwas anderes zu machen.

Biografien werden immer ex post geschrieben, immer im Nachhinein, und im Nachhinein sieht alles so klar und zielgerichtet und völlig stringent aus. So stringent ist es natürlich nicht. Es sind auch Zufälle. Es hätte auch was ganz anderes werden können, also das war nicht eine zielgerichtete, bewusste Entscheidung: ›Ich mache jetzt das, weil ich das machen will.‹ Ich hatte zum Beispiel auch an Versicherungen geschrieben, die Trainer gesucht haben, das hätte ich auch machen können. Ein bisschen Schwierigkeiten hatte ich schon damit, mit der Tätigkeit Versicherung. Das war mir ein bisschen zu anrüchig, Leute zu trainieren für Verkaufsgespräche, das war mir damals nicht ganz geheuer.

Es war auch im Gespräch, zum FWU[1] in München zu wechseln, nur das hätte bedeutet, ich wäre ›ausgeliehen‹ worden für fünf Jahre und ich hätte danach wieder zurückmüssen in den Schuldienst – und dann wäre wieder die Entscheidung gewesen, wo gehe ich denn jetzt hin, und dann hätte so was wie Cuxhaven oder Wolfsburg da rauskommen können, das war mir einfach zu unsicher. Wenn ich auf Dauer hätte nach München wechseln können, dann hätte ich das gemacht.

Dann kamen eben auch die Gedanken, dass ich dachte, wenn ich alles ändere, dann will ich auch meine berufliche Tätigkeit ändern, dann will ich auch die leidigen Klausuren weghaben. Ich will das eigentlich nicht mehr, denn ich habe immer gesagt, das Wichtige am Lehrerberuf ist das Unterrichten, also das gemeinsame Arbeiten mit den Kindern – und 60 Prozent meiner Tätigkeit sind diese langweiligen, einsamen, isolierten Klausurkorrekturen gewesen.

Ich habe mich dann auf eine Stelle im Vertriebsaußendienst bei einem großen deutschen Schulbuchverlag beworben und habe die Stelle bekommen und angenommen. Ich

1 Das »FWU Institut für Film und Bild in Wissenschaft und Unterricht« produziert Bildungsmedien für Schulen und Medienzentren und führt Projekte wie die Entwicklung mediendidaktischer Standards durch.

habe gesagt: ›Ich komme gerne zu Ihnen mit der Bedingung, ich bleibe dort wohnen, wo ich wohne.‹ Bei mir war es ja so, ich habe meine Stelle als Lehrer problemlos bekommen, ich habe relativ schnell Karriere gemacht, ich hatte mein eigenes Zimmer, ich hatte meine A14-Stelle. Da war keine Frustration bei mir. Jetzt sagte ich mir: ›Ich bin ja Lehrer gewesen, das bin ich nicht mehr, aber was ich gelernt habe, ist der Umgang mit der Lerngruppe. Und ob ich nun Lehrer vor mir habe und ein Lehrwerk präsentiere oder ob ich Siebtklässler vor mir habe, Lerngruppe ist Lerngruppe.‹ Jede Lerngruppe muss gleich behandelt werden, ob das Grundschüler sind oder ob das Erwachsene sind.

Ich habe eben gelernt, mit einer Lerngruppe umzugehen, mich in mir eigentlich nicht vertraute Sachverhalte einzuarbeiten und gemeinsam mit anderen an diesen Sachverhalten zu arbeiten und zu lernen. Was ich zum Beispiel unheimlich gerne gemacht habe, Englisch in der Grundschule, das ist mir wirklich nicht an der Wiege gesungen worden, oder aber Mathematik in der Grundschule. Ich bin oft gefragt worden: ›Was ist denn Ihr zweites Fach außer Mathematik?‹ oder ›Was ist Ihr zweites Fach außer Englisch? Sie als Anglist …‹, und ich bin ja kein Anglist.

Einige nennen das Schulberater, was ich jetzt mache. Aber ich berate keine Schulen, ich berate Lehrkräfte. Natürlich bin ich im Außendienst, aber heute würde man auch weniger sagen: ›Ich bin im Außendienst‹, heute würde man sagen: ›Ich bin im Vertrieb tätig.‹ Das ist die eigentliche Tätigkeit. Es ist ein Vertriebsaußendienst.

Was ich jetzt mache, das ist eine realistische Alternative zum Lehrerberuf. Man darf allerdings nicht menschenscheu sein, man darf keine Angst haben vor ungewohnten, neuen Situationen, denn jeder Tag bedeutet für mich, ich muss Situationen, mir unbekannte Situationen, neu definieren. Ich sehe jeden Tag andere Menschen, die ich noch nicht gesehen habe, die ich nicht kenne – das heißt, ich muss mich vorstellen, ich muss den Grund meines Besuches nennen, ich muss sagen, was ich möchte, und ich muss versuchen, mein

Ziel zu verwirklichen. Das heißt, ich muss in Kontakt mit anderen Menschen kommen können. Wann spreche ich mit denen? In der Pause – und das Wort muss man mit ganz großen dicken Buchstaben schreiben –, ich belästige Leute in ihrer Pause, und es muss mir gelingen, nicht als aufdringlich, als Störenfried wahrgenommen zu werden, sondern als Berater, als Helfer, als jemand, der nützlich ist für das Gegenüber. Allein schon dieses ›An-der-Sekretärin-Vorbeizukommen‹ …

Eine sehr typische Tätigkeit ist die Präsentation am Nachmittag, das Vorstellen von Werken, von Medienverbünden. Wir erweitern uns ja immer mehr: Wir haben das klassische Schulbuch, wir haben dazu eine CD-ROM, wir haben USB-Sticks, wir haben digitale Elemente, Wandbilder für interaktive Whiteboards, wir haben Internetauftritte. Das alles vorzustellen und den Nutzen zu präsentieren und zu sagen, Folgendes müsst ihr machen und ihr habt folgenden Nutzen für euren Unterricht davon, das entlastet euch – das ist meine eigentliche Tätigkeit. Über den Nutzen verkaufe ich die Produkte.

Die Wochenenden sind jetzt wirklich frei. Ich habe natürlich immer noch den Traum, mal Freitag um 12 Uhr aufzuhören, manchmal gelingt mir das auch, wenn dann wirklich nichts mehr zu tun ist, aber eigentlich ist immer was zu tun. Aber ich könnte es. Es gibt natürlich auch mal Samstage, wo ich arbeiten muss, aber die Zeit schreibe ich mir exakt auf – und zwar beginnt die Zeit, wenn ich zu Hause das Haus verlasse, und sie endet, wenn ich das Türschloss wieder aufschließe, das heißt, auch die Fahrzeit zählt mit als Arbeitszeit. Und dann kann ich mir dafür in Absprache einen freien Tag nehmen. Das kann ich bündeln oder ich kann mir den nächsten Montag oder den nächsten Freitag freinehmen. Ich kann das so packen, wie ich will.

Ich bin immer mit leichterem Herzen von der Schule weggegangen als morgens zur Schule hin. Das muss aber wohl auch so sein. Man muss so ein gewisses Lampenfieber haben, so ein gewisser Adrenalinspiegel muss da sein. Wenn Unterricht Routine wäre und wenn man sagt: ›Ach, was machen wir heute, wo sind wir, kannst du mir mal sagen, was wir eigentlich machen wollen?‹, dann ist man sicherlich nicht mehr gut. Dann kommt so eine ›déformation professionelle‹.

Es war immer so eine Situation, das hat mich an ›Draußen vor der Tür‹ von Wolfgang Borchert erinnert: der Unteroffizier Beckmann, der träumt: ›Ich sage durchzählen!‹, und die Bande verweigert sich. Die zählen einfach nicht durch. Dieses ›Ich-komme-heute-in-die-Schule-und-alle-Klassen-verweigern-sich-mir‹ – diese Angst war immer auch da. Das ist nie passiert, aber immerhin, das sind 30 Menschen, die da vor dir sitzen, und auch wenn das Siebtklässler sind, die haben ihren eigenen Willen. Bis auf diese eine Situation im Leistungskurs, was nicht böse gemeint war. Die hatten einfach nur gedacht: Er soll doch jetzt mal laut werden, er soll in die Klasse schreien ›Ruhe hier!‹, und dann sind wir auch ruhig, und genau das wollte ich nicht. Ich wollte diese Freiwilligkeit: ›Ich bin da, ich konzentriere mich auf euch, jetzt kann ich ja warten, ihr seid ja freiwillig hier – ihr könnt ja auch Maurer werden, ihr könnt die Schule ja verlassen. Ihr guckt jetzt bitte mich an und werdet ruhig und wir arbeiten gemeinsam. Nicht ich bringe euch was bei, sondern wir arbeiten gemeinsam.‹ Und das ist mir, wie gesagt, in all den Jahren nur einmal passiert. Wenn mir das öfter passiert wäre, dann wäre die Situation wohl eine ganz andere gewesen.

Wer ernsthaft nach einer Alternative zum Lehrerberuf sucht, dem würde ich raten: Ich würde mir überlegen – was kann ich? Und wenn ich eben so was kann wie mit Menschen umgehen, Lerngruppen motivieren, dann würde ich in solche Bereiche gehen wie meine jetzige Tätigkeit. So was wie Trainer bei einer Versicherung, Trainer in der innerbetrieblichen Weiterbildung, so was gibt es ja durchaus. Wobei man natürlich auch wissen muss, da ist auch viel Außendienst dabei, da ist viel Vertrieb dabei. Die Trainer, die Seminare anbieten, die müssen natürlich auch zu den potenziellen Kunden gehen und dort ihre Seminare verkaufen. Auch das muss man wissen, die Außendiensttätigkeit kann sich auf ganz Deutschland beziehen, das heißt, ich muss viel unterwegs sein, ich muss viel im Hotel übernachten, ich muss vielleicht am Sonntagnachmittag losfahren. Und wer das nicht kann, der sollte davon lieber die Finger lassen. Der sollte sich dann was anderes suchen.

Natürlich, man kann auch als Theaterpädagoge arbeiten, aber wie viele Stellen gibt es da? Das wäre sicherlich was gewesen, was mir Spaß gemacht hätte, aber die Stellen sind in der Regel besetzt und da kommt man nicht einfach übers Internet ran. Das läuft nur über Beziehungen. Ich kenne zum Beispiel denjenigen, der damals die private Theatergruppe geleitet hat. Der hat ne ganze Zeit lang versucht, als Lehrer unterzukommen, hatte auch Angebote außerhalb von Hamburg. Das wollte er nicht. Der hat dann irgendwann gesagt: ›Gut, dann will ich gar nicht mehr in den Schuldienst.‹ Er ist dann als Dramaturg an private Theater gegangen, ist Geschäftsführer eines Theaterverlags geworden, hat also diesen privaten Bereich zum beruflichen Bereich gemacht, und würde heute auch nicht mehr in die Schule zurückgehen.

Das ist für mich ganz typisch: Jemand, der einmal raus ist aus der Schule, der zwei Jahre lang draußen ausgehalten hat, der will nicht wieder zurück. Ich habe neulich zu meiner Frau gesagt: ›Ich war gestern in einem Lehrerzimmer und habe gedacht, ein Glück, dass ich mich in solchen Arbeitsräumen nicht mehr aufhalten muss.‹ Es war eng, es war krabbelig, es war unordentlich, überall standen die benutzten Kaffeetassen herum, kein vernünftiger Arbeitsplatz, nicht mal ein vernünftiger Pausenraum, nicht mal ein vernünftiger Ruheraum. 20 Minuten ist die große Pause, das war damals für mich eine Ewigkeit, das waren Lichtjahre, das ist heute nichts in meinem Arbeitsalltag. 20 Minuten ist ein durchschnittliches Gespräch, und ich dachte, das war damals die große Pause, wie sie hieß. Ich möchte nicht wieder zurück. In die Schule, die ich heute erlebe, möchte ich nicht als Lehrer wieder zurück, und das ist ganz typisch, glaube ich. Wer einmal raus ist, der will was anderes.

Ich habe mich immer danach gesehnt, so was zu haben wie dieses: Die kommen freiwillig zu mir, wir sitzen in einer entspannten Atmosphäre, in einem schönen, hellen, eben nicht so scheußlich schulmäßig gestrichenen Arbeitsraum, und wir sind nicht von der Pausenklingel abhängig, wir haben ein Projekt und wir erarbeiten uns was. So wie damals in der Theater-AG. Da ging es nicht um Noten, wir haben uns auch von den Strukturen getrennt. Eigentlich waren die AGs immer so von 13 bis 15 Uhr. Aber wir haben gesagt: ›Wir wollen erst mal alle nach Hause, wir wollen erst mal alle essen, wir treffen uns abends um 17 Uhr, dann haben wir die Schule ganz für uns alleine.‹ Und dann ging das manchmal bis 20 Uhr, und da hat keiner auf die Uhr geguckt. Und eine Theateraufführung, das war natürlich das Highlight des ganzen Jahres, und darauf hat man sich gefreut, so aufregend und belastend, wie das war. Da habe ich gesagt: ›Dafür bin ich eigentlich Lehrer.‹

Die Rente, die ich mal bekomme, ist nicht so hoch wie die Pension, die ich bekommen hätte, wenn ich damals mein Ziel A15, vielleicht sogar A16, erreicht hätte. Dann hätte ich natürlich nach dem Berufsleben mehr gehabt. Aber ich habe vorgesorgt, gleich vom ersten Tag an, ich habe eine Zusatzversicherung abgeschlossen.

Ich bekomme ein Weihnachtsgeld, ich bekomme Urlaubsgeld, das ist im öffentlichen Dienst ja auch alles mittlerweile anders geworden. Und natürlich, wenn wir ein gutes Geschäftsjahr gehabt haben, dann hat es auch Prämien gegeben. So was kriegt ein Beamter auch nicht. Oder wenn ich Sonderaufgaben übernommen habe, dann ist das entsprechend honoriert worden. Also ich musste nicht arbeiten bis zum Umfallen, ohne dass es entsprechende finanzielle Gegenleistungen gegeben hätte. Das ist das Schöne, das habe ich auch als Lehrer immer geschätzt, dass ich mir die Zeit frei einteilen kann. So was wie ›Ich fange um 9 Uhr in einem Büro an und höre um 17 Uhr auf‹, das hätte ich mir nicht vorstellen können, und ich fahre jeden Tag den gleichen Weg in die gleiche Arbeitsstelle, habe meinen markierten Parkplatz und habe meine Kaffeetasse, so beamtenmäßig, das hätte ich nicht gewollt.«

»Alles kommt zu dem, der warten kann« oder »Die Kunst, zur richtigen Zeit am richtigen Ort zu sein«

Moritz Kaefer[2] | Jahrgang 1954 | Berufsschullehrer aus Hamburg | Office-Management in einer Unternehmensberatung

»Ich hab mein Zweites Staatsexamen als Berufsschullehrer im Sommer 1986 gemacht, bin dann aber nicht in die Schule gegangen. Das hatte vor allem drei Gründe: Erstens habe ich mich im Referendariat nicht besonders wohlgefühlt. Es hat mich schon sehr viel gekostet und angestrengt. Das Zweite war, dass es zumindest in Hamburg und auch im unmittelbaren Umfeld keinerlei Stellen für Gewerbelehrer gab. Und das Dritte war, dass ich in einer Beziehung gelebt habe und mir ziemlich sicher war, dass ich nicht wegen meines Berufs von Hamburg wegziehen wollte. Diese drei Gründe haben dazu geführt, dass ich mich überhaupt nicht beworben habe.

Im Referendariat hatte ich – bei allem persönlichen Respekt vor meinen Seminarleitern – schon das Gefühl, dass das Ganze auch angelegt war als ein anderthalbjähriger Belastungstest. So eine irgendwie doch mehr oder weniger fortdauernde Prüfungssituation, in der man andauernd unter Beobachtung arbeitet. Wo einem offen ins Gesicht gesagt wird: ›Die Anforderung, die wir stellen, kann man eigentlich nicht erfüllen.‹ Selbst wenn es darum geht rauszukriegen, ob jemand auch in schwierigen Situationen standhalten kann oder ob er unter Belastung noch gut funktioniert, hier schien mir das insgesamt wichtiger zu sein als die Fragen nach Pädagogik oder nach Verständnis für die Schüler. Das hat zumindest für mein Erleben das Referendariat doch sehr geprägt. Da jagte eine Hospitation die nächste, und irgendwie war dann das letzte halbe Jahr eigentlich hauptsächlich von der Prüfung bestimmt. Und am Ende eben die Lehrproben und

2 Name geändert

die Hausarbeit, dazu natürlich die Seminare, in denen man auch ständig was abliefern, vorlegen oder sonstwie herbeizaubern musste, sodass ich am Ende das Gefühl hatte, dass ich am wenigsten Zeit und Energie für das hatte, wofür ich eigentlich ausgebildet wurde, nämlich für den Unterricht.

Am Ende habe ich dann zwar eine Zwei gemacht, also von daher war das okay, aber das ist nicht mein Thema. Was durchzuhalten und was durchzuziehen oder nur einigermaßen den Anforderungen zu genügen, ist das eine, aber sich wohlzufühlen oder das einzusehen oder sich innerlich einverstanden zu erklären, ist das andere. Das Referendariat hat mich fünf Jahre meines Lebens gekostet. Ich war damals auch noch nicht so gut organisiert wie heute. Ich habe dann Sachen bis zum letzten Drücker aufgeschoben und bin vor den entscheidenden Tagen nachts um 4 Uhr aufgestanden, weil ich noch dies und das erledigen oder fertigkriegen musste. Das Zweite, was sicherlich auch hinzukommt, war, dass ich aus heutiger Sicht wahrscheinlich das falsche Studium gewählt habe.

Ich bin einfach mit dieser Altersgruppe nicht so richtig gut zurechtgekommen: Berufsschüler, so 15-/16-jährige, 17-jährige Rabauken. Ich bin sowieso nicht so ein großer Vorturner oder Selbstdarsteller, oder wie immer man das bezeichnen will. Und das sind natürlich Leute, die sehr testen und ausprobieren, und wo man dann auch erst mal ein gewisses persönliches Standing mitbringen muss. Ich habe dann später noch mal mit dieser Altersgruppe, mit solchen Schülern, gearbeitet. Die haben mich völlig fertiggemacht und irgendeiner hat mal in der letzten Minute zu mir gesagt: ›Sie sind einfach zu gut für uns‹ oder ›... zu nett für uns‹. So war es. Das hat er ganz gut auf den Punkt gebracht. Das hat ihn aber nicht davon abgehalten, dann in der nächsten Stunde wieder irgendwelchen Scheiß zu bauen.

Mit meinen Ausbildern habe ich nicht darüber gesprochen. Das habe ich eher verheimlicht und versteckt. Es ging ja darum zu zeigen, dass man das irgendwie hinkriegt und kann und macht und so. Da wäre ich doch nicht zu meinem

Seminarleiter gegangen und hätte gesagt: ›Eigentlich fühle ich mich diesen Typen unterlegen, ich fühle mich gar nicht wohl vor der Klasse. Was soll ich machen?‹ Das war nicht die Situation, in der das opportun gewesen wäre. Ich bin dann schon jemand, der irgendwie schlau und stark genug ist, im Zweifelsfalle das, was gefordert wird, abzuliefern. Und wie es innen aussieht, geht niemanden was an.

Ich war damals froh, dass ich da irgendwie durchgekommen bin. Also nicht irgendwie, das wäre auch nicht mein Anspruch oder das würde ich mir nicht nachsehen –, nicht wie andere dann so mit Hängen und Würgen, gerade eben noch mit ner drei minus, wo völlig klar war, eigentlich sind das nur noch Gnadenzensuren. Wenn schon, dann ordentlich. Aber eben im Zweifelsfalle nach den Fragen von Prüfungsrelevanz und nicht von Berufsrelevanz.

Letztlich kam dann als möglicherweise vielleicht sogar entscheidender Faktor hinzu, dass es damals schlicht und einfach keine Jobs für Berufsschullehrer gab, worüber ich in dem Zusammenhang dann eher froh war, weil es mir die Entscheidung abgenommen hat: ›Soll ich es jetzt ernsthaft damit versuchen oder soll ich aus den Erkenntnissen, die ich im Referendariat gewonnen habe, die bittere Konsequenz ziehen?‹

Ich bin ja ganz normal aufs Gymnasium gegangen, habe Griechisch gelernt, Latein. Anschließend irgendwas zu studieren, das hat nicht funktioniert. Deshalb habe ich hier in Hamburg eine Maschinenschlosserlehre gemacht, auf der Werft. Danach habe ich gearbeitet, habe viele andere Dinge nebenher getan, und als dann klar war, dass die proletarische Laufbahn doch nicht so richtig die meine ist, da habe ich eben ein bisschen geguckt: ›Was bietet sich denn an?‹ Und wenn du schon einen Beruf hast, dann liegt das mit Berufsschullehrer einfach nahe. Am Ende bin ich dann im Referendariat auf derselben Schule gelandet und beim selben Schulleiter, wo ich auch als Lehrling meine Berufsausbildung gemacht habe.

Ich habe nie Existenzängste gehabt, ich habe immer irgendwie Jobs abgebrochen, ohne was Neues zu haben. Von daher war das für mich nach dem Referendariat keine besonders aufregende Situation. Ich war natürlich in der glücklichen Lage, keine Familie zu haben, für die ich sorgen musste. Ich war 32 damals. Und dann hat sich auch schnell was ergeben. Ich hatte schon diverse Eisen im Feuer und habe dann auch beherzt zugegriffen, als mir was angeboten wurde.

Ich war gut vernetzt, ich kannte sehr viele Leute. Da gab es zum Beispiel bei einer Hamburger Zigarettenfabrik eine Betriebsvereinbarung, dass die Kinder von Mitarbeitern Anspruch auf kostenlosen Nachhilfeunterricht haben. Damit hatte ich mir schon während des Studiums ein gutes Stück meines Lebensunterhalts verdient, mit diesem Nachhilfeunterricht. Erst bin ich Taxi gefahren, später habe ich dann Nachhilfeunterricht gegeben. Dann gab es Lehrlinge. Lehrlinge brauchen eigentlich immer Nachhilfeunterricht, also habe ich im Werk auch für die Lehrlinge Nachhilfeunterricht gemacht und war von daher in dieser Szene schon ganz gut bekannt und vernetzt. Ich glaube, ich war anderthalb Monate oder so arbeitslos gemeldet, eher aus formalen Gründen. Dann habe ich gesagt: ›So, Leute, das war es‹, und habe mich selbstständig gemacht und bin dann dort als Fort- und Weiterbildungsberater eingestiegen. Das war für mich auch einfacher, weil ich gar nicht so die Mentalität hatte, die absolute Sicherheit zu brauchen.

Das war damals alles auch noch ein bisschen großzügiger als heute. Da gab es ne richtige Weiterbildungsabteilung, die hatte ein ordentliches Budget, und da bin ich dann als Trainer und Berater eingestiegen. Das war also schon relativ nah an dem, was ich eben auch gelernt habe, nämlich Fortbildung für gewerbliche Mitarbeiter – Fortbildung auf den verschiedensten Gebieten, Erstellung von Lehr- und Lernunterlagen, zum Teil auch von sehr umfangreichen Maschinenhandbüchern. Und dann diese Seminare für die Lehrlinge, in denen sie dann so ein bisschen soziales Zusammenarbeiten lernen sollten, ein bisschen etwas über betriebswirtschaftliche Abläufe, ein bisschen Verantwortung übernehmen.

Bezahlt wurde ich von der Zigarettenfabrik. Ich habe mehrere Jahre gegen Rechnung und Tageshonorar und faktisch nur von denen gelebt, und das nicht schlecht. Also ich denke, ich habe auf dem Papier mehr verdient als ein Lehrer, habe das dann mal mit einem Freund verglichen und habe gesagt, wenn ich noch hinzurechne, was für dich jetzt in den letzten fünf Jahren an Sozialversicherungsbeiträgen bezahlt worden ist, dann war das in etwa vergleichbar.

In unterschiedlicher Form und Ausprägung habe ich das 14 Jahre gemacht. Das hat sich dann ausgeweitet. Ich habe Bedienungshandbücher geschrieben für diese Maschinen, richtige Wälzer, tausende von Fotos gemacht und diese Fotos nummeriert und einzelne Handgriffe akribisch beschrieben. Das hat mehrere Jahre nicht unerheblich zu meinem Einkommen beigetragen, und das habe ich dann auch richtig nett stunden- bzw. tageweise verhandelt und abgerechnet. Das Problem ist, diese Maschinen, das sind sehr große, komplizierte, schnell laufende Maschinen, für die gibt es zwar technische Handbücher für Ingenieure, auch noch für die Einrichter, für die Handwerker, die dann Einstellarbeiten machen müssen, die Teile auswechseln oder ausbauen müssen oder so. Aber für die Bediener gab es, zumindest in der damaligen Zeit, eigentlich gar nichts. Worauf muss ich achten? Was passiert eigentlich, wenn ich diesen Knopf drücke? Was muss ich tun, wenn diese rote Lampe leuchtet? Da habe ich für richtig viele solcher Dinger Handbücher erstellt. Da bin ich auch nach wie vor ganz stolz darauf.

Diese ganze Geschichte war auch aus der damaligen Zeit geboren, als Bildung plötzlich eine wichtige Rolle spielte. Da wurde dann plötzlich ganz viel Geld investiert. Und das war zu der Zeit eine reiche Firma, die konnte sich das erlauben, und, wie gesagt, ich war da auch persönlich ziemlich gut vernetzt. Aber dann ging das eine wie das andere nach und nach immer weniger, und dann wurde es auch ein bisschen problematischer mit dem Auskommen dort. Derjenige, der da in der Firma quasi mein Mentor und unmittelbarer Ansprechpartner war, ist irgendwann ausgeschieden, und dann haben die ein Werk stillgelegt.

Ich habe dann auch noch für eine Kesselwagenfirma gearbeitet. Da habe ich auch so eine Aus-, eine Fortbildungsreihe konzipiert. Die wollten im Grunde genommen ihre ganze Belegschaft durch so eine Art Schulungsreihe durchschleusen, um deren Fachwissen zu vertiefen. Ich war eingekauft, um das ein bisschen zu koordinieren, pädagogisch, methodisch, didaktisch zu begleiten, aufzubereiten. Ich musste nicht selber referieren, ich musste eigentlich nicht viel inhaltlich tun, aber ich habe die verschiedenen internen Referenten beraten und dann auch diese Veranstaltungen moderiert. Das war aber schon wieder ein bisschen schwieriger. Das war schon wieder mehr so eine Bühnensituation, wo geguckt wird: ›Was will denn der eigentlich hier?‹

Ich war weder besonders akquisestark noch akquisewillig, und ich hatte dann zunehmend weniger zu tun. Ich hatte auch nicht genug inneres oder äußeres Profil, um mir zu sagen: ›Das bin ich, das ist meine Marke, das ist mein Produkt, und damit gehe ich jetzt los und verkaufe das.‹ Das ist nicht mein Ding. Ich hätte das wahrscheinlich nicht mal vernünftig formulieren können. Ich bin immer gut, wenn irgendwie was gebraucht wird oder Not am Mann ist oder so, dann kann ich mich gut einfinden und auch ganz gute Sachen machen. Aber mich zu verkaufen, das ist gar nicht meine Sache.

Außerdem lebte ich zu der Zeit in einer Beziehung, die war ziemlich schwierig. Das hat dann auch nicht gerade dazu beigetragen, mich zu stabilisieren bzw. mir viel Muße und Richtung für Berufsorientierung zu geben. Da bin ich dann so ein bisschen abgeschmiert und hatte wenig zu tun. Auch wenig Ideen, was nun werden sollte.

Aber ich war gut vernetzt. Es gibt ja in allen Berufen, auf allen Gebieten irgendwelche Klüngel und Szenen und Erfahrungstreffen und so. Und dann hat ein Kollege, der mich kannte, gesagt: ›Also wir haben da ein Büro, da sind der und der und der. Wir haben zwar aktuell nichts für dich, aber dir geht es im Moment nicht so gut; wenn du Lust hast, dann kannst du hier bei uns quasi einen Schreibtisch mieten. Dann kommst du wieder so ein bisschen in die Szene und unter Leute und dann werden wir sehen, was sich so ergibt.‹

Und das hat dann auch funktioniert, wenn auch nicht so eins zu eins und unmittelbar. Aber ich bin dann da hin, ohne große Idee, habe mitgekriegt, was die anderen so machen, wie die arbeiten. Die anderen machten alle ihr Geschäft, und wenn sie jemanden brauchten, dann war ich da. Ich habe auch noch weiter meine Handbücher dort gemacht. Manchmal bin ich da um 11 Uhr aufgelaufen und um halb drei wieder abgehauen, weil ich eigentlich nicht so richtig wusste: ›Sollst du nun hingehen oder gleich zu Hause bleiben?‹

Letztlich hat es funktioniert, und es hat sich ein guter Kontakt zu einem Kollegen entwickelt. Der war sehr umtriebig, hatte viele Ideen und machte und tat. Und der hat relativ schnell gespürt, dass er in mir jemanden hat, der eine Seite mitbringt, die er nicht so gut kann. Er war eher so ein Überflieger, große Ideen, aber auch ein Chaot, und ich kann auch stundenlang puzzeln, kleine Teile zusammenfügen und an Formatierungen rumfeilen. Er hat geschrieben und Skizzen gemacht, und ich habe das für ihn umgesetzt. Schließlich hat sich diese Bürogemeinschaft aufgelöst, und er hat mit einem anderen Kollegen eine Organisationsberatung gegründet. Und da hat er mich gefragt und hat gesagt: ›Moritz, ich weiß noch nicht genau, ob wir Arbeit für dich haben, aber eigentlich fände ich nett, wenn du mitkommst.‹

Also haben die mich in 2000, da war ich 48, als Berater eingestellt, was ich dann faktisch nie geworden bin. Ich habe die Infrastruktur gemacht, und zwar auf den verschiedensten Ebenen, räumlich, technisch, IT-technisch, aber auch ein ganzes Stück inhaltlich. So als Sparringpartner, viel Entwurf von Grafiken und Skizzen, solche Geschichten. Also Hunderte von Folien, die da im Umlauf sind, die sind alle durch meine Hände bzw. durch meinen Computer gegangen. Wenn einer kommt und sagt: ›Wir brauchen da mal ne gute Folie, die das und das darstellt‹, dann sag ich: ›Ja, ja, lass mich mal machen.‹ Das war sicherlich auch eine glückliche Situation, dass ich dann auch viel Gestaltungsspielraum und Gestaltungsfreiheit bekam.

Das, was mir vielleicht gefehlt hat, nämlich irgendeine Idee von beruflicher Karriere oder beruflichem Ziel – ich will in 15 Jahren Bereichsleiter und in 17 Jahren soundso sein –, also eher eine relative Orientierungslosigkeit, ist mir auf der anderen Seite zugutegekommen, weil mir das eine hohe Flexibilität erhalten und ermöglicht hat. Ich kann ziemlich viele Sachen ziemlich gut und würde mir auch heute noch zutrauen, mich in alles mögliche reinzuarbeiten. Das würde mich nicht schrecken. Ich habe da keine Ängste, hab auch keine Vorstellung: ›Das muss jetzt so sein oder das muss jetzt so bleiben.‹ Ich denke, das ist vielleicht noch mehr als Neugierde. Alles kommt zu dem, der warten kann. Ich kann auch sagen: die Kunst, zur richtigen Zeit am richtigen Ort zu sein.«

»Man muss herausfinden: Wo ist eigentlich das, was mich anspricht, was mir Wind unter die Flügel gibt?«

Monika Bohn | Jahrgang 1960 | Gymnasiallehrerin aus Hessen
Beraterin und Coach | Geschäftsführerin von Profund Solution Coaching (www.profund-solution-coaching.de)

»Ich bin ins Lehramtsstudium, ehrlich gesagt, ein bisschen hineingeschlittert. Nach dem Abitur, noch etwas unreif, habe ich nach Neigung Fächer gewählt, die mich interessiert haben. Das waren damals Politikwissenschaft und Germanistik, dann Philosophie und natürlich auch die Pädagogik. Wir mussten damals schon im zweiten Semester drei Wochen in die Schule gehen, um erste Unterrichtserfahrungen zu sammeln, und da war ein Gefühl bei mir, als wäre ich dafür geboren! Und da bin ich dann dabei geblieben und habe das Lehramtsstudium mit Erstem und Zweitem Staatsexamen im Lehramt Gymnasien beendet. Ich habe dann von 1986 bis

2005 an unterschiedlichen Schulen als Lehrerin gearbeitet, also fast 20 Jahre lang.

Ich habe sehr gerne mit Kindern und Jugendlichen zu tun gehabt und habe das auch heute noch. Ich habe gerne unterrichtet, war auch von Anfang an in der Funktion Vertrauenslehrerin, dann später Beratungslehrerin, und das hat mir sehr viel Freude gemacht.

Meine neue Existenz koppelt im Grunde genommen an meine Beratungstätigkeit, die ich ja von Anfang an als Lehrerin innehatte. Anfangs habe ich relativ ungeschult beraten. Daraufhin habe ich sehr viele Fort- und Weiterbildungsangebote in Anspruch genommen, gemerkt, welche Art von Pädagogik mir wichtig ist, nämlich die Pädagogik der Beziehung und der Ermutigung, und bin im System Schule, so wie ich es hier vorgefunden habe, doch sehr an meine Grenzen gestoßen. Das heißt, ich hatte nicht den Gestaltungsspielraum, den ich brauchte, um die Form von Pädagogik leben zu können, die mir wichtig war. Und zeitgleich habe ich bemerkt, dass ich im Beratungsfeld sehr erfolgreich war und sehr viel besser und dichter am Kind, an jungen Menschen, an den Familien, auch an Kollegen und Kolleginnen unterstützend wirksam sein konnte. Und das hat dann den Ausschlag gegeben, mich ganz aus der Schule zurückzuziehen und in die reine Selbstständigkeit zu gehen.

Fehlende Spielräume in der Schule, das waren zum Beispiel die Grenzen von Rahmen- und Bildungsplänen. Es gibt Prüfungssituationen, auf die hingearbeitet werden muss, und es gibt natürlich sehr sensible Befindlichkeiten in großen Lehrerkollegien. Dort habe ich auch die Erfahrung gemacht, dass ich zu exotisch war und zu sehr auch auf Universitäten ausgerichtet hinsichtlich der aktuellen Forschungsergebnisse in Sachen Hirnforschung, Entwicklungsforschung, Bindungsforschung. Das hätte ich gerne in die Schule hineingebracht und dort weiterentwickelt. Aber das war nicht gewünscht.

Ich habe letzten Endes fünf Jahre gebraucht, um mich durchzuringen, ganz aus der Schule herauszugehen, das war kein leichter Schritt für mich. Aber ich hatte auch die Erfahrung gemacht, dass ich die Dinge nicht so bewegen konnte, wie es für mich wichtig war.

Natürlich hatte ich auch die Überlegung angestellt, die Schule zu wechseln. Auf der anderen Seite war ich auch schon als ausgebildete Supervisorin mit anderen Kollegen und Kolleginnen im Gespräch und hatte für mich den Eindruck gewonnen, es wird überall im hessischen Schulsystem doch ähnlich gekocht, sowohl in den öffentlichen als auch in den privaten Schulen mit staatlicher Anerkennung. Dazu kommt, dass ich ja diese »seltene« Fächerkombination Deutsch/Sozialkunde hatte, die so unglaublich gefragt ist, dass jeder sich nur die Finger nach mir geleckt hätte ... Hätte ich zusätzlich Naturwissenschaft gehabt, wäre es sicherlich leichter gewesen, so einen Wechsel zu vollziehen.

Mein Prozess, mich ganz anders und neu zu orientieren, begann eigentlich mit der Überlegung: ›Ich möchte gerne eine neue Funktionsstelle in die Schule hineinbringen, die mit Beratung zu tun hat‹ – ähnlich wie im System der internationalen Schulen, um Kinder, Kollegen, Eltern in bestimmten Fragestellungen zu begleiten, Unterstützung zu geben, auch zu kooperieren mit Arztpraxen, mit Therapeuten, mit den Schulpsychologinnen und -psychologen.

In einigen Bundesländern gibt es so etwas auch, aber hier sah es anders aus, als ich in der Situation war. Ich habe mich viel mit Beratungsmodellen beschäftigt. Ich habe ein Zusatzstudium gemacht: kollegiale Beratung, lösungsorientierte Beratung mit pädagogischen Handlungsfeldern an der Pädagogischen Hochschule in Heidelberg. Aber an der Schule waren dafür die Rahmenbedingungen nicht da, die Gelder fehlten, die Fähigkeit oder Möglichkeit, so eine Beratungsstelle zu institutionalisieren, fehlte, die Unterstützung im Kollegium fehlte. Wir haben das dann mal ausprobiert, das hat auch vielen Gutes gebracht und für viel Unmut gesorgt im Kollegium.

Das Jahr 2000 war für mich ein Wendepunkt in meinem Leben. Da habe ich dieses weiterführende Studium in

Heidelberg begonnen, das waren drei Jahre, und in diesem Zeitraum hat viel Supervision, Intervision stattgefunden. Ich habe mir da viele Rückmeldungen geholt, habe mir Unterstützung geholt, und im Grunde genommen war dann mit Ende dieses Studiums schon irgendwie klar, dass sich für mich ein anderer Weg abzeichnete. Und den Weg habe ich dann langsam eingeschlagen. Aber irgendwie konnte ich mich nicht so richtig von der Schule verabschieden, was ja auch bedeutet, den goldenen Käfig des sicheren Einkommens und der unkündbaren Stelle zu verlassen. Also habe ich gedacht, ich probiere es jetzt noch mal. Ich habe dann noch zwei Jahre gemacht und dann doch für mich realisiert, das geht nicht weiter, ich muss mich jetzt entscheiden, auch damit ich gesund bleibe.

Letztlich habe ich die Entscheidung in Absprache mit meinem Mann getroffen, sodass auch garantiert war, dass es weiterhin ein Einkommen geben würde, selbst wenn sich meine Selbstständigkeit nicht so entwickeln sollte, wie ich das gehofft habe. Mit diesem Hintergrund, auch finanziell abgesichert zu sein, konnte ich den Schritt wagen. Das muss ich der Ehrlichkeit halber auch sagen.

Ich bin heute sehr erfolgreich in meiner freiberuflichen Tätigkeit, sehr ausgelastet. Es ist eine Vollzeitarbeit, die ich mache, mit einer sehr hohen Arbeitsstundenzahl pro Woche. Ich bin alleine verantwortlich für meinen Terminkalender und unterliege nur den eigenen Zwängen. Angefangen habe ich eigentlich schon im September 2000. Das Zusatzstudium habe ich im April 2000 begonnen, und da wurde relativ schnell klar, dass ich noch mehr brauche als nur Unterricht. Also, ich war eigentlich nur mit Unterrichten und mit dem, was in der Schule lief, nicht so gefordert, wie ich es gerne gehabt hätte. Ich habe dann mit Genehmigung der Schule diese zusätzliche Tätigkeit angemeldet und habe sehr schnell gut zu tun gehabt. Man sagt eigentlich, fünf Jahre braucht es, bis die Selbstständigkeit sich rentiert und man davon leben kann, und bei mir war es kein Jahr.

Ich bin also im Grunde genommen mit zwei Standbeinen

gelaufen, einmal mit dem sicheren Standbein in der Schule und dann mit dem neuen Standbein ›Beratungspraxis‹ und was damit zusammenhängt.

Wenn ich im Nachhinein reflektiere, warum mein Modell so erfolgreich ist, dann genau aus dem Grunde, weshalb anfangs so viel Skepsis von außen geäußert wurde: Die Vielfalt meiner Angebote ist es, die letzten Endes dafür sorgt, dass ich dieses Geschäft so gut führen kann. Das eine ist die Beratung, die Begleitung von Familien mit Kindern, die in irgendeiner Form Schwierigkeiten zeigen oder Verhaltensauffälligkeiten. Die Begleitung und Beratung von Familien in Trennungssituationen. Coaching mit Führungskräften aus der Industrie. Coaching mit Privatpersonen.

Parallel habe ich dann ein weitere Ausbildung in Psychotherapie gemacht, die ich mit ›Heilpraktikerin Psychotherapie‹ abgeschlossen habe, systemisch lösungsorientiert, und dann noch eine Ausbildung in klinischer Hypnose. Ich bin mittlerweile gut vernetzt mit Arztpraxen in der Umgebung, auch mit Psychiatern, mit Psychologen, an die ich auch weiterleiten kann, wenn ich merke, hier sind mir Grenzen gesetzt, hier komme ich nicht weiter. Über dieses Netzwerk bekomme ich natürlich selbst auch Klienten.

Anfangs habe ich allen, mit denen ich zu tun hatte, erzählt, was ich jetzt noch mache und die Menschen in meinem Umfeld horchten auf und sagten, das ist ja interessant. In der Schule habe ich auch gesagt, was ich mache, damit alle wissen, ich habe die Erlaubnis der Schulleitung für eine Nebentätigkeit, damit es da nicht irgendeinen Unmut gibt. Dadurch wussten dann auch viele Kollegen, was ich mache, und einige kamen auf mich zu und fragten: ›Hast du Visitenkarten oder Flyer?‹ Dann wurden die ersten Flyer im Selbstdruck erstellt.

Dann merkte ich, ich bekomme tatsächlich Menschen geschickt. Dann haben die Leute, die zu mir kamen, mich weiterempfohlen. Also das war dann wie so eine Art Schneeballsystem. Wenn ich irgendwo einen Vortrag gehalten oder eine Fortbildung gegeben habe, ist es in den meisten Fällen so, dass darüber dann wieder neue Klienten kommen. Ich habe geschaut: ›Mit welchen Schulen in meinem Umfeld kann ich Kontakt aufnehmen, um in eine Kooperation zu kommen?‹ Für mich hier sehr wichtig geworden ist die International School. Dadurch, dass ich gut Englisch spreche, habe ich auch englischsprachige Klientel, und die schicken mir halt auch zu meinen Arbeitsschwerpunkten Familien mit ihren Kindern.

Von Heidelberg ging noch die Anregung aus, doch einen Berufsverband zu gründen für Menschen, die eine Weiterbildung in systemisch-lösungsorientierter Beratung, Supervision und Organisationsentwicklung genossen haben. Ich habe dann im Jahre 2004 mit sechs weiteren Personen für Hessen und Rheinland-Pfalz einen Landesverband gegründet, die ›Assoziation Pädagogische Supervision‹. Wir haben uns zusammengetan mit anderen Assoziationen in Deutschland. Über die Rekrutierung von Mitgliedern, über sehr interessante Referenten, wurde dann dieser Landesverband auch noch mal etwas präsenter im Rahmen unseres Berufsfeldes. Und da ich mit im Vorstand tätig bin, bin ich auch in der Öffentlichkeit sehr präsent. Also immer wieder in die Öffentlichkeit gehen und vorhandene Netzwerke nutzen, das ist mein Tipp, den ich habe für Menschen, die sich überlegen, in die Selbstständigkeit zu gehen.

Stolpersteine auf dem Weg in die Selbstständigkeit sehe ich auf mehreren Ebenen. Das eine ist im emotionalen Bereich: ›Wie sicher fühle ich mich, wie sicher bin ich mir, dass ich das, was ich hier mache, auch wirklich gut mache? Es ist doch ein neues Feld, darf ich das überhaupt, was für eine Wirkung hat das, was für eine Wirkung habe ich?‹ Also dieses Hinterfragen, sich selbst hinterfragen mit Selbstzweifeln, wo man sich auch gut mal Energie nehmen kann, solche Phasen habe ich auch hinter mir.

Das Zweite sind diese Hürden, kaufmännische Tätigkeiten in der Selbstständigkeit. Ich habe es doch nie gelernt, wie man buchhalterische Aufgaben absolviert, wie man eine Selbstständigkeit dann dem Finanzamt darlegt, was man da alles berücksichtigen muss: ›Wie muss ich das bei Behörden anmelden, was brauche ich, was brauche ich nicht?‹ Da sind mir dann auch einige Fehler passiert und mein Tipp wäre eigentlich, sich wenigstens eine Doppelstunde Beratung bei einem Steuerberater zu gönnen, damit man nicht all die Fehler macht, die ich gemacht habe.

Ein weiterer Stolperstein ist sicherlich, dass wir auch auf Wirtschaftsbewegungen vorbereitet sein müssen. Da gibt es so Wellenbewegungen innerhalb eines Jahres, das muss man einfach wissen, das ist schwer auszuhalten, dass in Ferienzeiten auch Flaute entsteht, und dafür dann unter Umständen in Schulzeiten so viel Bedarf besteht, dass man den gar nicht alleine bedienen kann. Ich habe das große Glück, dass ich in der »Rhein-Main-Metropole« lebe, der Hochtaunuskreis ist der reichste Landkreis Deutschlands. Hier habe ich natürlich auch eine Klientel, die meine Tätigkeit bezahlen kann.

Meine Erfahrung ist, dass wer in der Phase ist, sich nur noch in die Schule zu schleppen, also schon sehr deprimiert ist über seine eigene Berufssituation, seine Lebenssituation und mit sich selbst, dass der dann nicht genügend Lebensfreude spürt, um diese weiterzugeben. Dann bräuchte man eigentlich erst mal eine Auszeit, um sich zu erholen, um sich Unterstützung zu holen, um zu schauen: ›Wo liegen eigentlich meine Herzblut-Kompetenzen, wo sind meine Ressourcen?‹ Ich knüpfe an ein Zitat von Augustinus an: ›Nur wer selber brennt, kann andere entflammen!‹ Wenn ich nicht begeistert bin von dem, was ich mache, kann ich andere auch nicht begeistern. Wenn ich hier mit Trauergesicht und zynischer Ansprache durch die Welt gehe, dann kriege ich auch keine Kunden.

Wenn man in so einer Phase ist, da gibt es auch sehr gute Kliniken in Deutschland, wo man sich noch mal anders orientieren kann. Es gibt gute Coaches, zu denen man gehen kann, um herauszufinden: ›Wo ist eigentlich das, was mich anspricht, was mir Wind unter die Flügel gibt, wo ich noch mal neu schaue, in welche Richtung möchte ich noch mal gehen?‹ Ich habe schon Leute erlebt, die gehen in eine ganz andere Richtung, in eine, die gar nicht so viel mit Menschenkontakt zu tun hat, sondern eher in Bearbeitungs- oder Verwaltungsaufgaben.«

»Ich habe das Lehrersein an den Nagel gehängt, auch nach reiflicher Überlegung, dass ich ins finanzielle Ungewisse gehe. Das war wirklich auch der letzte Schritt: Ich gebe finanzielle Sicherheit auf, meine Gesundheit ist mir wichtiger, meine Weiterentwicklung ist mir wichtiger.«

Alfred Rominger | Jahrgang 1974 | »Künstler, Strukturspieler und Lehrer« aus Düsseldorf (www.freile.de)

»Lehrer werden wollte ich eigentlich auch ein bisschen aus Mangel an Alternativen. Ich kannte die Schule. Ich habe mich in der Schule wohlgefühlt, ging da relativ gerne hin, habe auf Diplom-Mathematik angefangen zu studieren, bin aber dann mit sehr vielen Lehramtskandidaten im Studium gewesen, weil Lehrämtler und Diplomer dieselben Kurse, Seminare und Vorlesungen belegt haben, was mich dann wiederum zur Überlegung brachte, Lehramt wäre eigentlich gar nicht so schlecht. Und da ich auch einer Gruppe irgendwie mehr zugehörig sein wollte, habe ich mich dann entschieden: ›Okay, ich mache das Lehramt‹, weil ich mich auch nicht als reinen Mathematiker gesehen habe. Es waren also mehrere Gründe: Zum einen wollte ich in der sozialen Gruppe sein, zum anderen war es eben bekannt, wie es in der Schule aussieht, wie der Arbeitsplatz ist.

Ich habe dann in Tübingen auf Lehramt für Gymnasien studiert, mit den Fächern Mathematik und Sport. Begonnen habe ich im Herbst 1994 mit Mathematik, im Herbst 1995 kam dann Sport dazu, als ich auf Lehramt gewechselt hatte.

Ich kann mich an ein Schulpraktikum innerhalb des Studiums erinnern. Ich hatte zwei ziemlich unterschiedliche betreuende Lehrer in Mathematik und Sport. In Sport lief immer alles super, weil der Lehrer auch sehr viel mit mir vorbereitet und mich sehr gut betreut hat. Da habe ich mich sehr gut aufgehoben gefühlt, und daher klappte irgendwie die ganze Unterrichterei. In Mathematik war es etwas anders: Der Lehrer hat mich bewusst ins kalte Wasser geworfen. Der Höhepunkt war dann, als er gesagt hat, ich kann eine Stunde mal ganz alleine machen, und in dieser Stunde ist der Klassiker passiert: Die Schüler haben irgendwann angefangen, aus meinen Arbeitsblättern Papierflieger zu basteln, was natürlich schon ziemlich demotivierend war. Also ich habe im Endeffekt eigentlich die ganze Bandbreite erlebt, wie es sein kann, mit Kindern zu arbeiten – dass es Erfolgserlebnisse gibt, wenn sie das tun, was ich möchte, aber auch, dass es sehr frustrierend sein kann, wenn sie das, was ich vorbereitet und mir ausgedacht habe, absolut gering schätzen.

Mir war eigentlich schon von Anfang an klar, dass ich nicht hundertprozentig sicher bin, auf jeden Fall Lehrer werden zu wollen, im Vergleich zu anderen Mitstudenten, die davon wirklich überzeugt waren. Für sie gab es nur das eine, und bei mir war es eben eher: ›Ich weiß nicht so richtig, was ich sonst machen könnte, und das ist eigentlich das geringste Übel, mit dem ich mich anfreunden kann.‹

Nach dem Studium war es so, dass ich nicht direkt ins Referendariat übergegangen bin, sondern ich habe geschaut, was es sonst noch für Optionen gibt. Ich habe dann ein gutes halbes Jahr bei Aldiana[3] auf Fuerteventura Animation gemacht.

Dieses halbe Jahr nach Ende des Studiums hat eher dazu geführt zu merken: ›Es gibt noch so viel anderes, ich habe auch woanders Stärken, vor allem auf der Bühne.‹ Man musste dort als Animateur in Abendshows mitwirken, zum Teil Playback, aber es gab auch ein reines Theaterstück, das

3 Anbieter von Cluburlaub

wir selber dort einstudiert haben. Das heißt, wir haben alles, was zu einem Stück dazugehört, von Anfang bis Ende mitbekommen. Obwohl ich keine Schauspielausbildung hatte, war ich da sehr erfolgreich, und ich habe gemerkt, ich musste relativ wenig Anstrengung reinstecken. Mir fiel das sehr leicht. Und da habe ich mich dann schon auch gefragt: ›Wäre das vielleicht eine Alternative für mich – auf der Bühne, Richtung Schauspieler?‹ Dadurch wurden natürlich meine Zweifel eher stärker, weil ich damals schon 29 Jahre alt war und mir dann gesagt habe: ›Mich nimmt keine Schauspielschule, ich bin schon zu alt.‹

Dann ergab sich die Gelegenheit: Die Direktionsassistentin der Europäischen Schule in Frankfurt machte im Aldiana Urlaub. Sie war damals auf der Suche nach Lehrern – insbesondere Sportlehrern –, weil die Schule ganz neu war. Da habe ich gedacht, ich könnte vielleicht zweigleisig fahren, das heißt, ich hätte da einen Job und könnte nebenbei privat Schauspielunterricht nehmen.

Ich war da voller, also voll akzeptierter Lehrer, auch ohne Referendariat. Bei einem Regisseur habe ich Privatunterricht genommen, so ein Paket von zehn Stunden. Mit ihm habe ich dann klassische Rollen eingeübt, also zum Beispiel den Mercutio aus ›Romeo und Julia‹ oder Leon, den Küchenjungen, einfach Vorsprechrollen, um – so der Hintergedanke – mich dann in Theatern zu bewerben. Ich habe allerdings auch feststellen müssen, dass ich mich nicht so auf die Schauspielausbildung konzentrieren konnte, wie ich mir das gewünscht hätte.

Es gab dann ein einschneidendes Erlebnis: Ich habe mir die Nase gebrochen. Und das kam wie folgt: Ich habe gesehen, wie mein Schauspiellehrer vor mir in die Schule geht und ich dachte, er hält mir die Türe auf. Dem war aber nicht der Fall, ich bin gegen die Glastüre gerannt. Das war schon ziemlich schmerzhaft. Es war ein glatter Bruch, das heißt, keine langwierige, komplizierte Geschichte, aber ich habe das auch ein bisschen symbolisch gesehen: Ich war der Überzeugung, er hält mir die Türe auf. Aber das geht wohl nicht.

Dieses Erlebnis hat mir gezeigt: Das ist ein Holzweg, ich muss irgendwie anders schauen. Es gab dann noch Bemühungen, das zu kombinieren: Ich habe mit dem Schauspiellehrer und mit Schülern dort an der Schule ein Stück zusammen entwickelt, bei dem ich auch in einer Art Doppelrolle war. Ich war Lehrer an der Schule, und in dem Stück selbst war ich auch ein Lehrer mit den Schülern. Das war sehr spannend. ›Pyramus und Thisbe‹ war das, aus Shakespeares ›Sommernachtstraum‹.

Aber irgendwie war das alles nicht optimal. Gerade als ich mir überlegte, ob ich noch ein zweites Jahr an der Europäischen Schule bleiben sollte, kam die E-Mail eines Freundes mit dem Betreff ›Die Chance deines Lebens‹: Ich könne für ein halbes Jahr Privatlehrer auf Bali werden. Das habe ich mir lange überlegt und das Angebot schließlich wahrgenommen. Letztendlich war ich fünf Monate lang Privatlehrer eines achtjährigen deutschen Jungen, der mit seinen Eltern frisch von Frankfurt nach Bali ausgewandert war.

Vor Ort gab es so ein kleines Gebäude, und das haben wir zusammen mit der Mutter ein bisschen hergerichtet. Schulbücher hat sie besorgt, und ich habe dem Jungen dann unter anderem die Schreibschrift beigebracht, ein bisschen Erdkunde, Geografie. Ich habe mir einiges überlegt, was in fremden Gefilden machbar ist. Zum Beispiel habe ich ein Reporterspiel mit ihm entwickelt, das heißt, ich hatte eine Digitalkamera, mit der man auch Videos aufnehmen konnte, und habe mit ihm dann kleine Clips gedreht, damit er dort die Umgebung ein bisschen kennenlernt. Nachmittags habe ich ihm aus dem ›Kleinen Hobbit‹ vorgelesen. Es war in entspannter Atmosphäre, um ihm zu erleichtern, dass er auf sich alleine gestellt war, und um ihm eine gewisse Regelmäßigkeit zu bieten. Wichtig war auch, dass die Eltern, die frisch ausgewandert waren, sich vormittags auf ihre Aufgaben konzentrieren konnten, die dort angefallen sind. Kost und Logis waren für mich frei, ich habe ein bisschen Taschengeld bekommen und der Flug wurde mir bezahlt.

Während meiner Zeit auf Bali kamen oft Gedanken in

mir hoch, auszuwandern und dort zu bleiben. Ich hatte dort eine Beziehung, und wir überlegten, ob das etwas Ernsthaftes werden könnte. Es gab auch eine Zeit, da wurde ich gefragt, ob ich meine Arbeit nicht länger machen könnte. Und es entstanden schon erste Kontakte zu anderen, die Interesse hatten, dort im Norden Balis eine internationale Schule aufzubauen.

Ich bin jedoch wieder nach Deutschland zurückgekehrt – interessanterweise aus ähnlichen Gründen, wegen denen ich später das Referendariat an den Nagel hängen würde: Ich kam mit den vorhandenen Strukturen nicht klar. Meine heimliche Freundin war für meine Begriffe gefangen in einer starren christlichen Denkweise. Die Mutter des Jungen ließ mir zu wenig Entfaltungsspielraum und hatte eine viel zu konkrete Vorstellung, was ich ihrem Kind beibringen sollte und was nicht. So habe ich das empfunden. Super klargekommen bin ich mit der einzigen männlichen Bezugsperson, die ich auf Bali hatte, dem Vater des Jungen.

Er war Schauspieler, und ich habe bei ihm Schauspielunterricht in rituellem und authentischem Spielen bekommen und viel dazugelernt. Mir hat es viel mehr gebracht als das klassische Schauspielen. In dem Punkt bin ich also weitergekommen, und ich habe mit ihm zusammen eine Figur erarbeitet: ›Experte Freile‹. Und diese Figur habe ich mitgenommen nach Deutschland und habe mich dann auf verschiedenen Poetry-Slams und offenen Bühnen ausprobiert. Ich habe den Namen dann weiterentwickelt zu ›EfU Freile, Experte für Unendlichkeit‹. Mein Motto war: Auf die Bühne gehen und schauen, was passiert!

Damals habe ich noch Arbeitslosengeld bekommen. Ende Februar 2005 habe ich mich dann doch noch fürs Referendariat beworben. Ich dachte: ›Jetzt bewerbe ich mich mal, ich muss es ja nicht antreten.‹ Und tatsächlich habe ich dann im September das Referendariat begonnen, nicht zuletzt, weil ich nicht wusste, wie ich meine ›Bühnen-Karriere‹ in Geld ummünzen könnte.

Das Seminar fand ich irgendwie ganz spannend, vor allem die Pädagogik-Kurse, weil man da thematisch weit rumgekommen ist. In Sport hatten wir zwei Fachleiter: Der eine war für meinen Geschmack sehr daran interessiert, an Richtlinien und Vorschriften festzuhalten. Die andere war schon ein bisschen älter und eher etwas legerer. Mit der bin ich super klargekommen. In Mathematik, das war einer, der frisch angefangen hatte, da habe ich gleich gemerkt, dass er ähnliche Gedanken hat wie ich.

Ich habe dann schnell gemerkt: Es ist schön, was man sich alles ausdenken kann, aber umsetzbar ist in der Schullandschaft doch leider wenig. Ich habe versucht, mit Selbstorganisiertem Lernen (SOL), in Mathematik vor allem, aber zum Teil auch in Sport, zu hantieren. Zum Thema zentrische Streckung habe ich eine SOL-Unterrichtseinheit durchgeführt, die mir auch selbst am meisten Spaß gemacht hat. Ich habe aber gleichzeitig gemerkt, dass es sehr viele Widerstände gibt, vor allem in Person meiner Mathematik-Mentorin. Sie hat auch als Kritik in meine Bewertung am Ende des Schuljahres reingeschrieben, dass ich mich zu sehr auf diese SOL-Themen versteifen würde, was objektiv betrachtet nicht der Fall war. Ich habe auch ganz klassische Unterrichtseinheiten durchgezogen, wo ich nur frontal unterrichtet habe. Es war im Endeffekt aber eine Phase, in der ich viele Strichlisten gemacht habe und froh war um jeden Tag, jede Stunde, die vorbei war. Auf der anderen Seite habe ich aber auch die Erfahrung gemacht, dass mir Dinge Spaß machen, wenn ich mich kreativ ausleben kann.

Ich bin aber immer wieder an den Punkt gekommen: ›Das geht nicht, da gibt es einfach Grenzen, da fühle ich mich nicht wohl.‹ Dann stand ich vor der Entscheidung: ›Ziehe ich es trotzdem durch oder nicht?‹ Ich habe schließlich die Entscheidung getroffen, es durchzuziehen. Eine Woche später habe ich erfahren, dass ich die Rote Karte bekomme, das bedeutete, ich durfte im nächsten Schuljahr keine eigene Klasse unterrichten und bekam ein halbes Jahr Verlängerung. Dies geschah auf Initiative meiner Mathe-Mentorin. Das war ein bisschen absurd, weil sie mich zu dem Zeitpunkt schon drei

Monate lang gar nicht mehr in meinem Unterricht besucht hatte.

Es war das Ende des Schuljahres, als ich es erfahren habe. Da war dann vielleicht noch ein guter Monat Zeit, um die Unterrichtseinheit für meine Zulassungsarbeit durchzuführen – was ich dann aber nicht mehr gemacht habe, weil ich einfach so vor den Kopf gestoßen war, dass ich mir gesagt habe: ›Jetzt ein halbes Jahr verlängern, was mache ich da überhaupt?‹

Paradoxerweise hatte ich kurz vor der Roten Karte die Entscheidung getroffen, dass ich das Referendariat durchziehe. Ich wollte meine Zweifel besiegen und dachte, es wäre der richtige Weg, aber ich fühlte mich eigentlich sehr schlecht dabei. Kurz nach meiner Entscheidung habe ich eine Sporteinheit durchgeführt, habe mich wirklich sehr mies gefühlt, und mein Sportmentor hat gesagt: ›Ja, genau so muss es aussehen, super, du kannst es doch!‹ In mir sah es total scheiße aus. Ich habe mich wirklich hundeelend gefühlt und habe nur gedacht: ›Okay, dann weiß ich wenigstens, was sie haben wollen, dann ziehe ich das jetzt halt ein Jahr lang durch, auch wenn ich mich nicht gut dabei fühle.‹

Und zwei, drei Tage später kam dann eben die Nachricht: Rote Karte. Im Nachhinein bin ich meiner Mathe-Mentorin dankbar, weil es mir jetzt besser geht. Denn sonst – wer weiß – hätte ich das Referendariat durchgezogen, wäre vielleicht immer noch im Lehrerberuf und unglücklich.

Natürlich war damals auch mein Selbstwertgefühl angegriffen. Natürlich tragen meine Mentoren da keine Schuld daran, die haben einen guten Job gemacht. Auf der zweiten Schule war es mir vergönnt, an einen sehr angenehmen und zielstrebigen, sehr hilfsbereiten Sportmentor zu geraten. Dem konnte ich mich auch in meinen Zweifeln ein bisschen offenbaren und ihm erzählen, dass ich nicht so recht wüsste, ob das Lehrerdasein und der Lehrerberuf wirklich das Richtige für mich seien. Er war mir wirklich eine große Hilfe, weil er mir sehr pragmatisch zur Seite stand und wir immer überlegt haben, was die nächsten Schritte sind. Er unterstütze mich darin, in meinem Entscheidungsprozess herauszufinden, was mir am Lehrerdasein gefällt, was mir missfällt, und alles ›auseinander zu filtrieren‹. Aber erst heute, sozusagen retrospektiv gesehen, ist mir klar, dass ich als Lehrer an der Schule einfach mein freigeistiges Sein, meine Kreativität nicht ausleben konnte.

Nach der Roten Karte fing ich an, mich intensiver mit meinen Träumen auseinanderzusetzen. Wahrscheinlich suchte ich in ihnen Antworten auf meine Fragen und Klarheit für meine Zweifelei. In meinem bisherigen Leben konnte ich mich maximal an eine Handvoll Träume erinnern, und im Sommer 2006 explodierte quasi meine Traumerinnerung. Speziell ein Traum hat mir – in einer Bildersprache – ganz klar vor Augen geführt: Das, wofür ich brenne, ist außerhalb der Schule. Da war ein Gewitter in dem Traum und ich wollte mich irgendwie schützen. Außerhalb der Schule war ein Busch, der gebrannt hat. Ich bin aufgewacht und wusste, was der Traum bedeutet. Trotz meiner Zweifel hat mich dieser Traum sozusagen durch den monatelangen Entscheidungsprozess getragen und mir immer wieder neue Kraft gegeben.

Mein Selbstwertgefühl hat sich an der zweiten Schule zwar gesteigert, aber die Zweifel waren immer noch da – und was habe ich mir immer den Kopf zermartert, ob ich das Referendariat weitermache oder abbreche. Da hat mir dann wiederum dieser Traum, den ich in den Herbstferien 2006 hatte, die Kraft gegeben, dranzubleiben und eben nicht in der Schule zu bleiben.

Ganz wichtig war für mich die Erkenntnis, dass ich mein Referendariat nicht abgebrochen, sondern vorzeitig beendet hatte. Für mich selbst war das abgeschlossen, aber nach den Formalien ist es eben abgebrochen. Finanziell war es so, dass ich zuvor an der Europäischen Schule schon gut verdient hatte und auch in meiner Animationszeit, vor allem weil ich dort kaum Ausgaben hatte. Auf Bali hatte ich das Taschengeld ebenfalls nicht komplett aufgebraucht. Das heißt, ich hatte relativ viele Reserven und konnte es mir daher leisten, eine Zeit lang einfach ohne Einkünfte zu leben. Und da habe ich mir gesagt: ›Das mache ich auch, ich werde keinen Job annehmen. Ich konzentriere mich nur auf meine berufliche Neuorientierung.‹

Ich bin dann Anfang 2007 nach Berlin umgezogen. Der erste Schritt war: Ich lege nichts fest, was ich in Berlin beruflich mache. Ich hatte dort eine Freundin, die ich von meiner Aldiana-Zeit her kannte, bei der war ein Platz in der WG frei. Das heißt, ich wusste, wo ich wohnen kann.

Ich bin dann in Berlin angekommen und habe mich dort einfach so ein bisschen treiben lassen, habe geguckt, was mich interessiert, bin dann ein bisschen an das Improvisationstheater gekommen und habe Workshops mitgemacht, wo auch ein kleiner Auftritt mit dabei war. Habe eine Karriere-Coaching-Frau getroffen und mit ihr gearbeitet, und habe versucht, meine Figur ein bisschen weiterzuentwickeln, also die ›Experte-für-Unendlichkeit‹-Figur. Und habe mich einfach ausprobiert, habe im Internet gesurft, wenn mich was interessiert hat, habe mich aber auch noch rumgeschlagen mit dem Arbeitsamt, weil ich Hartz IV beantragt hatte. Habe aber auch ein bisschen die Freiheit genossen, dass man da die Nacht durchmachen kann, und man kann dann immer noch wohin gehen und morgens frühstücken. Ich habe im Prinzip einfach die ganze Palette, was man so machen kann, dort durchgezogen. So sah das aus – Großstadtleben eben. Der Gefahr, mich zu verlieren bin ich zuvorgekommen, indem ich mir das Ziel gesetzt habe, sechs Monate lang Richtung Bühne/Schauspiel voranzukommen.

Und siehe da, nach einem halben Jahr hatte ich dann meine neue berufliche Richtung, und die war Richtung Clown. Ich hatte noch mal einen kleinen Job bei Aldiana über drei Wochen, und da hatte ich auch eine kleine Beziehung. Ich habe gemerkt, wenn ich mir freien Lauf lasse, kann ich diese Frau zum Lachen bringen, und das war für mich ein Schlüsselerlebnis. Ich kann einfach, indem ich ein Clown bin oder clownesk bin, Leute zum Lachen bringen, und dadurch löst sich bei manchen Menschen etwas, und ich kann sie vielleicht sogar ein bisschen therapieren. Jedenfalls war für mich die

Richtung klar, dass ich es durch eine clowneske Art schaffe, Lehrer zu sein, ob man das jetzt Therapie nennt oder Lernen.

Ich nenne mich jetzt ›Künstler, Strukturspieler und Lehrer‹. Das Künstlerische ist mir wichtig, weil ich die künstlerische Freiheit brauche. Der Strukturspieler bedeutet: Alles hat eine Struktur. Ich für mich habe mich früher oft an Strukturen festgebissen, sei es in der Neuapostolischen Kirche, sei es im Referendariat, sei es vielleicht auch ein bisschen bei der Mutter des Jungen auf Bali. Wenn ich Strukturen finde, dann spiele ich damit, und das möchte ich auch anderen anbieten. Man kann mich dafür buchen, dass ich mich in die vorhandenen Strukturen einfühle und schaue, was überhaupt da ist. Und die Struktur dann bei Bedarf in einem nächsten Schritt verändere, sie vielleicht auflöse oder einfach mit der Struktur spiele.

Meine Idee ist: Ich biete mich als Person an und schaue, wer sich angesprochen fühlt. Ich weiß, je konkreter ich mit meinem Angebot werde, desto konkreter und zahlreicher werden die Buchungen. Die erste Buchung kam von der Leiterin eines Kindertreffs, die auf mich aufmerksam wurde. Sie war interessiert, einfach an meiner Person, und sagte mir, sie suche immer wieder Honorarkräfte. Sie fragte mich, was ich sonst so machen würde und daraufhin stellte ich ihr mein Konzept vor – ›Ich gehe auf die Bühne und schaue, was passiert‹ – und erläuterte ihr, was ich damit meine. Sie hat unser Gespräch auf sich wirken lassen, und es hat noch mal eine Zeit lang gedauert, bis sie mich dann tatsächlich gebucht hat, um mit ihr gemeinsam das Sommerferienprogramm zu gestalten. Über ein Jahr lang habe ich in diesem Kindertreff verschiedene Angebote gestaltet. Ich habe zum Beispiel Bogenschießen angeboten, ein ganz klein bisschen auch Theater und einen Internet-Führerschein. Sprich, es sind ein paar Angebote konkreter geworden, und diese habe ich mittlerweile auch schon in anderen Einrichtungen umgesetzt.

Noch ist es natürlich sehr schleppend, an Kunden zu kommen, weil mein Angebot noch nicht so konkret ist, was man auch auf meiner Homepage sieht. Das ist noch ein bisschen verwaschen. Meine Idee ist aber schon, dass ich über meine Homepage an Aufträge komme, indem ich zeige, wie ich arbeite, und dadurch andere auf mich aufmerksam werden. Ich habe ein kleines Video auf meiner Homepage, wo ich auf einer Hochzeit gearbeitet habe. Das heißt, man kann mich da auch für eine Hochzeit buchen, wo ich dann als ›Kümmerer‹ auftrete. Ich habe einfach die Fähigkeit, mich sehr schnell in Strukturen einfühlen zu können und dementsprechend zu agieren: ›Was ist nötig? Wo müssen jetzt Impulse gesetzt werden? Wo muss etwas besorgt werden? Wo muss jemand beruhigt werden?‹ Ich agiere, bis Konflikte gelöst sind oder eine Balance wiederhergestellt ist.

Ich habe das Lehrersein am Gymnasium an den Nagel gehängt, auch nach reiflicher Überlegung, dass ich ins finanzielle Ungewisse gehe. Das war wirklich auch der letzte Schritt: Ich gebe finanzielle Sicherheit auf, meine Gesundheit ist mir wichtiger, meine Weiterentwicklung ist mir wichtiger. Als ich gemerkt habe, dass meine finanziellen Reserven zu Ende gehen, habe ich eine Erbschaft erhalten. Das heißt, ich kann weitermachen, was ich möchte, ich habe wieder finanzielle Reserven. Als die Erbschaft zur Neige ging, kamen dann langsam die ersten Einkünfte aus meiner Selbstständigkeit. Ich verdiene noch keine tausend Euro im Monat, aber ich kann zurzeit davon leben. Ich habe keine großen Ausgaben. Natürlich kann ich mir keine großen Sprünge leisten, sprich ein halbes Jahr Urlaub machen oder so, aber ich habe auch gar nicht das Bedürfnis dazu.

Hartz IV, das habe ich aufgegeben. Ich habe in Berlin so schlechte Erfahrungen damit gemacht und gemerkt, es zieht mir dermaßen Energie, ich muss mich dermaßen aufgeben, ich werde dermaßen schlecht behandelt, ich habe da keine Lust mehr zu. Da verzichte ich jetzt lieber auf das Geld und versuche, dass ich mich so irgendwie durchschlage. Und es hat wirklich geklappt. Ich bereue auch diese Entscheidung nicht.

Ich bin einfach der Typ, der die Freiheit braucht. Ich brauche das Gefühl der Unabhängigkeit. Ich bin ein Mensch, der sich sehr leicht ablenken lässt. Und indem ich beispielsweise das Bogenschießen anbiete, lerne ich selber auch dazu. Ich werde das Bogenschießen aber nicht mein Leben lang machen. Das ist eine temporäre Sache. So sah ich das auch bei meinen Jobs bei Aldiana oder an der Europäischen Schule. Es war eine Zeit lang okay. Wenn ich den Job jetzt wieder machen würde, wäre das auch okay, aber es ist nichts, was ich langfristig machen möchte und wo ich mich langfristig wohlfühle, und deshalb will ich diese Jobs nicht mehr machen. Weil sie mir nur begrenzt das bieten, was ich brauche.

Ich bin auch überrascht, dass das so klappt. Ich bin in Sachen Selbstständigkeit immer wieder an dem Punkt: ›Wie geht es weiter?‹ Der erste Job von der Kindertreff-Leiterin ist jetzt zu Ende, denn es stehen keine Gelder mehr für Honorarkräfte zur Verfügung. Ich habe jetzt einen neuen Job begonnen, wo ich allerdings noch nicht so viel verdiene wie in dem anderem, den ich aufgeben musste. Es ist natürlich immer diese ständige Unsicherheit. Aktuell weiß ich nicht, wo ich Geld verdienen werde in dem Maße, wie ich es bis jetzt getan habe. Ich lebe dennoch gut damit, denn ich hatte in meinem Leben nie finanzielle Probleme – und das, obwohl ich damals den Schritt ins finanzielle Ungewisse gemacht habe.

Ich habe bis zum heutigen Tag keine finanziellen Probleme und werde auch nie welche haben, weil ich mittlerweile die innere Sicherheit und die Gewissheit habe: Es tut sich immer ein Türchen auf. Das hat sich mein ganzes Leben lang gezeigt: Sobald auch nur der Ansatz war, jetzt könnte ich in die Miesen kommen, kam von irgendwoher eine Geldquelle. Es tut sich wieder ein Türchen auf, und ich merke, ich hätte mir eigentlich gar keine Sorgen machen müssen, wie es weitergeht, weil – es geht weiter!

Aktuell habe ich einen Auftrag bekommen, einen jugendlichen Rollstuhlfahrer zu betreuen. Ein Gespräch bei einem Verein, der in der Familien- und Jugendhilfe tätig ist, verlief sehr fruchtbar. So geschehen immer wieder Dinge, die mich motivieren, weiter meinen Weg zu gehen.«

»Jetzt hast du dein Studium gemacht, du warst im Ausland, und nun bist du schon wieder in der Schule! Kannst du das in zwei oder fünf Jahren noch vor deinen Schülern und vor dir selber rechtfertigen? Oder bist du dann die frustrierte Lehrerin, die sagt: Na ja, jetzt muss ich morgens wieder her, und eigentlich habe ich kein Interesse an euch?«

Doreen Strauhs | Jahrgang 1981 | Ausbildung u. a. zur Gymnasiallehrerin | Referentin bei der Studienstiftung des deutschen Volkes in Bonn.

»Ich habe mich damals nach meinem Abitur besonders für Fremdsprachen interessiert und wollte das für ungefähr zwei Jahre vertiefen, so als eine Art Studium generale, um dann zu Jura, Internationalen Beziehungen oder gar Medizin zu wechseln. Ich hatte das beste Abitur meines Jahrgangs, und vielleicht ist das auch ein Segen und zugleich ein Fluch. Ich wusste mit 18 noch nicht wirklich, was ich möchte. Das kann man in dem Alter vielleicht auch noch gar nicht richtig wissen.

Bei der Immatrikulation konnte ich mir unter dem Magister auf Fremdsprachen nicht wirklich etwas vorstellen. Ich dachte an Bekannte, die eigentlich Chemiker sind und fünf Fremdsprachen können. ›Also wenn du jetzt für zwei Jahre den Fokus auf Fremdsprachen legst, dann machst du das wenigstens gleich mit dem Ziel Erstes Staatsexamen‹ – das klang irgendwie vernünftiger. Vielleicht hat da auch die familiäre Erziehung gefruchtet. Immerhin umfasst das pädagogische Staatsexamen auch Psychologie, Didaktik und Pädagogik – eben nicht nur die Fremdsprachen, sondern zusätzlich auch das Interesse daran, wie Bildung geht, wie Menschen denken, arbeiten und funktionieren.

Nach circa anderthalb Jahren im Studium hatte ich die Möglichkeit, ins Ausland zu wechseln, nach Kanada. Die University of Saskatchewan war quasi in der Mitte Kanadas.

Touristen verirren sich seltener in diese Gegend. Geklappt hatte der Wechsel nach Kanada durch ein Austauschprogramm von der Uni, auf das ich mich beworben hatte. Vier Leute wurden ausgewählt, zwei durften nach Vancouver gehen – darauf hatte ich eigentlich spekuliert –, und zwei der Bewerber wurden dann in die Prärie geschickt.

Und dann war ich aber einfach nur begeistert! Die Studiengebühren wurden erlassen, und zusätzlich habe ich ein Stipendium bekommen. Nur das hat es mir quasi ermöglicht, diese Chance überhaupt wahrzunehmen. In Kanada habe ich ziemlich schnell mein Interessengebiet gefunden, das mich bis heute geprägt hat: anglophone Kultur- und Literaturstudien, vor allem die anglophonen Kulturstudien Ostafrikas und Indiens mit dem zusätzlichen Schwerpunkt in internationalen Beziehungen.

Als ich zurückkam nach Deutschland, wollte ich eigentlich die Universität wechseln und das Lehramtsstudium nicht weiter fortführen. Ich habe damals eine Freundin besucht, unmittelbar nachdem ich zurück war, und habe gesagt: ›Du, ich schmeiße es jetzt hin! Lehramt, was soll das?! Also, das will ich gar nicht, das wollte ich nie.‹ Aber dann wurden mir an der Universität einige Tage später zum Semesterbeginn alle Kurse angerechnet, die ich im Ausland gemacht hatte, und das bedeutete wiederum, dass ich mit knapp 22 Jahren im Grunde mit meinem Studium durch war. Da hab ich ganz klar entschieden: Komplett aufhören und neu starten ist keine Option.

Stattdessen habe ich zusätzliche Kurse in den Gesellschaftswissenschaften wie Politik belegt und mit Jura im Fernstudium begonnen. Das war für mich der gelungene Kompromiss. Von der Uni Greifswald wurde ich total unterstützt. Da hat sich die kleine Uni wirklich ausgezahlt. Ich bin dann noch mal nach Sydney in Australien an die Universität gegangen und habe als studentische Assistentin gearbeitet. Die wissenschaftliche Kooperation mit Sydney hat seitdem viele Jahre bis jetzt über meine Doktorarbeit hinaus bestanden.

Der Kontakt zu meiner Ausbildungsschule, dem Christianeum in Hamburg, ergab sich schließlich während der ersten Schulpraktika. Ich hatte mich ganz offiziell beim Christianeum als Praktikantin beworben. Das war zwischen der Zeit in Kanada und Australien – also circa 2003. Dort an der Schule habe ich Lehrer kennengelernt, die einerseits wissenschaftlich sehr interessiert und zugleich pädagogisch versiert waren.

Das deutsche Schulsystem selbst aber ... Ich fand das ganze Schulsystem und die Lehrerausbildung an den Hochschulen damals bereits unzureichend und in großen Teilen wenig zielführend. Ich war vor allem skeptisch, weil die wirklich geeigneten Menschen sich, aus meiner Sicht, entweder von vornherein gegen ein Lehramtsstudium entscheiden – vielleicht aufgrund des gesellschaftlichen Stands des Lehrers – bzw. dann ausgerechnet solche Menschen Lehrer werden, die im Grunde Angst haben vor dem Unterrichten. Bei Letzteren herrscht, aus meiner subjektiven Erfahrung heraus, zuweilen der naive Irrglaube, ein Lehramtsstudium sei die Eintrittskarte in die Glückseligkeit der sozialen Absicherung durch den Beamtenstatus.

Die Ernüchterung kommt dann mit der Realität. Die Studenten werden zu wenig und zu spät auf die tatsächlichen Veränderungen und Gegebenheiten, die physischen und psychischen Belastungen sowie die hohen Anforderungen an menschliches Feingefühl und an fachliche Kompetenz vorbereitet. Damit tun sich diese Kandidaten keinen Gefallen! Sie leiden irgendwann in ihrer Laufbahn. Ich habe mich damit nicht wohlgefühlt, einige solcher jungen Lehrer zu erleben und im Alltag zu sehen.

Lehrer an sich sind Allround-Talente in jeder Hinsicht, wenn sie es denn gut und vernünftig machen. Das können Lehrer aber eigentlich nur, wenn sie eine fundierte, umfassende theoretische und praktische Ausbildung genossen haben und eine eigene Persönlichkeit bilden konnten, um als professionelle Lehrerfigur auftreten zu können. Im Referendariat in Hamburg funktionierte das schon gut. Es gab klare Module zu Personalmanagement, Psychologie, Teamführung – und vor allem nicht nur ›ausrangierte‹ Lehrer als Seminarleiter, die dem normalen Schulbetrieb nicht mehr gewachsen waren und dann vor Referendare gestellt worden sind, um diesen was beizubringen. Wir hatten dort eindeutig kompetente Trainer.

Meine eigene Wahrnehmung zu mir als Lehrerin vor dem Referendariat? Die war eher kritisch. Ich hatte bereits Erfahrungen in der Erwachsenen- und Studentenausbildung gesammelt. Bei kleinen Kindern oder Schülern habe ich gedacht, ich bin zu ungeduldig. Aber im Laufe des Referendariats war ich von mir positiv überrascht. Diese Ungeduld, von der ich dachte, dass ich sie an den Tag legen würde, insbesondere hinsichtlich der jungen Fremdsprachenlerner, hatte ich überhaupt nicht. Ganz im Gegenteil: Es war schön zu sehen, wie die einzelnen Schüler Fortschritte machten. Mit meinen Schülern habe ich nach kurzer Zeit nur Englisch gesprochen, egal wo wir uns begegnet sind, auch zum Beispiel in den Pausen außerhalb des Unterrichts. Viele der Schüler waren auch im Ausland gewesen, sahen englische Filme, und nahmen daher die fremdsprachlichen Unterhaltungen, die auch andere Lehrer an der Schule mit ihren Schülern im alltäglichen Umgang pflegten, sehr gern und mit großer Lernbegeisterung auf. Das Unterrichten machte einfach Spaß!

Andererseits war ich mit 26 Jahren nach dem Referendariat und der sich dann gleich anschließenden Vollbeschäftigung unruhig, denn ich dachte: ›Das willst du noch nicht sofort für dein ganzes Leben lang machen!‹ Aber dieser Stress war eher dem geschuldet, dass ich dachte: ›Jetzt hast du dein Studium gemacht, du warst im Ausland, und nun bist du schon wieder in der Schule! Und vielleicht bald verbeamtet ... Kannst du das in zwei oder fünf Jahren noch vor deinen Schülern und vor dir selber rechtfertigen? Oder bist du dann die frustrierte Lehrerin, die sagt: Na ja, jetzt muss ich morgens wieder her, und eigentlich habe ich kein Interesse an euch?‹ Diese Frage habe ich mir persönlich immer wieder gestellt und ich konnte mir sie eindeutig mit einem klaren Nein beantworten.

Die Zeit, in der ich unterrichtet habe, fand ich sehr prägend und wichtig, auch weil ich viel über mich selber gelernt habe. Schüler sind auf eine Art unheimlich ehrlich, sie spüren, ob die Person da vorne weiß, was sie tut oder nicht. Sie spiegeln das dem Lehrer auch direkt im regelmäßigen Feedback – so man dieses denn zulässt – wieder. Und wenn Schüler ernst genommen werden und ihnen das Gefühl gegeben wird, dass sie etwas leisten können – vorausgesetzt sie wollen –, dann lernt man viel, vor allem über und für sich selbst. Dennoch muss auch ganz klar gesagt werden: Wenn man in eine schwierige Klasse oder an eine Schule mit einem komplexeren Umfeld gerät, dann hat man schon zu kämpfen!

Bei konservativer Berechnung schleift ein Lehrer im Gymnasialbetrieb zum Beispiel – bei mindestens fünf Unterrichtsstunden und einer Klassenstärke von vielleicht nur 25 Schülern – mindestens 125 Menschen allein an einem Tag durch einen Lernprozess. Dazu kommen Gespräche mit Kollegen und Eltern, außerunterrichtliche Schülergespräche, Nachbereitungs- und Vorbereitungszeiten – die zeitliche Beanspruchung kann dabei bei großen Fächern wie Deutsch und Englisch bis in den späten Abend andauern. Dennoch, mein Credo lautet: Lehrer haben sich diesen Job ausgesucht, dadurch auch finanzielle Vorteile und soziale Absicherung, und sollten sich daher auch nicht zu sehr über die Bedingungen beschweren.

Aber es schadet nicht, wenn sich die Gesellschaft vor Augen hält, was ein Lehrer da eigentlich täglich leistet, bevor man, ohne jemals selbst wirklich als Lehrer in einer Unterrichtssituation gestanden zu haben, gleich auf Lehrer schimpft. Der Lehrerjob ist hinsichtlich des Umgangs mit Menschen und der Wissensvermittlung wesentlich intensiver als ein durchschnittlicher Büro- oder Beratungsjob in der Wirtschaft. Dieser Aspekt des Lehrerjobs, so wünsche ich mir, muss in der deutschen Gesellschaft endlich besser wahrgenommen werden. Der Bildungs- und Erziehungsauftrag kann und darf nicht komplett auf die Lehrer geschoben werden, bei gleichbleibender schulischer Grundausstattung.

Allgemeinbildung in Schulen und gute Lehrer sind ein gesamtgesellschaftlicher Auftrag zum Wohle unserer Kinder und der nachfolgenden Generationen. Eindeutig! Nur dann werden wir auch zukünftig noch mehr wirklich geeignete Lehrer in die Schulen bekommen.

Das Fazit meiner Lehrertätigkeit? Ich bin überzeugt, ich habe viel über mich selber gelernt. Außerdem: Durch den Umgang mit den unterschiedlichsten Altersstufen schärft ein Lehrer bereits in sehr kurzer Zeit seine Menschenkenntnis, vermutlich viel intensiver als in anderen Jobs. Zugleich habe ich persönlich vor allem in den oberen Klassenstufen auch etwas über die neuen Studieninteressen, die aktuellen Hochschulentwicklungen sowie den sich wechselnden Berufsmarkt und seine Bedürfnisse in der Breite erfahren.

Ich war während der Promotion viel unterwegs, weiterhin im Ausland, schwerpunktmäßig in Ostafrika und den USA. Die Aufenthalte waren auch angebunden an internationale Organisationen und Think-Tanks hier in Deutschland, die sich insbesondere mit Bildungsfragen und volkswirtschaftlichen Fragen von Bildungskontexten auseinandergesetzt haben.

Oft finden sich in diesen Think-Tanks etwa acht bis zehn Nachwuchskräfte, Young Professionals um die 30, die sich zu einem Thema zusammenfinden und Paper schreiben oder auch Kontakt zu öffentlichen Institutionen suchen. Fragen, die sich dort im ökonomischen Bildungskontext bewegten, waren zum Beispiel die nach mehr Lebenspraxis und Lebensnähe für Lehrer und Schüler in Schulen. Was fehlt eigentlich den Lehrern in Schulen, um Schüler lebenspraktisch zu unterrichten? Warum sollte nicht auch ein Kunstlehrer vielleicht ein bisschen Ahnung haben von dem, wie Wirtschaft oder die Welt funktionieren, und nicht nur sagen: ›Ich bin ein Kunstlehrer.‹ Das ist eben das Problem: Aufgrund des Schulsystems, so wie es ist, bewegen sich Lehrer in so einer Art Inselwelt und kommen da zum Teil auch gar nicht raus, weil sie wiederum von außen auf ihr Lehrerdasein minimiert werden. Das Ausbildungs- und Fortbildungssystem für Lehrer müsste mithin insgesamt durchlässiger sein. Es müssten auch andere finanzielle und ideelle Anreize für besonders engagierte Lehrer geschaffen werden, so wie in Kanada oder Finnland. Diese Länder zeigen: Es geht!

An meine jetzige Stelle als Referentin bei der Studienstiftung des Deutschen Volkes bin ich über eine Stellenanzeige gekommen. Meine Tätigkeit bei Think-Tanks und unterschiedlichen Stiftungen im In- und Ausland, unter anderem in der Entwicklungshilfe, aber auch im auswärtigen Hochschul- und Schulbildungskontext, haben mich geprägt und motiviert, mich mehr in diesem Arbeitsmarkt umzuschauen.

In der Studienstiftung des deutschen Volkes fühle ich mich angekommen. Ich habe jetzt den Job, in dem sich meine Erfahrungen und Kompetenzen aus dem Beratungs- und Wissenschaftsmanagement als auch aus der einstigen Lehrertätigkeit miteinander verbinden.

»Nur dann, wenn man eine Leidenschaft für irgendetwas hat, wird man exzellent sein. Und man kommt nur weiter, wenn man exzellent ist.«

Martina Augustin | Jahrgang 1965 | Farb- und Stilberaterin aus Berlin

»Ich kann mich erinnern, ich habe schon als Kind mit Puppen und Teddys gespielt; ich habe die dann nebeneinandergesetzt und ich war die Lehrerin. Das war offensichtlich ein längerer Wunsch gewesen. Ich wollte etwas Kreatives machen, habe aber nie das richtige Berufsfeld gefunden, was es sein könnte – damals im Osten. Mein Vater war Lehrer gewesen, ich bin in einer Lehrerfamilie groß geworden, und da war das für mich fast selbstverständlich, diesen Weg zu gehen. Ich wollte eigentlich Lehrerin für Kunst werden, aber man hat damals natürlich nur eingestellt, was gebraucht wurde. Es ging nicht darum, was man wollte, sondern um die Fächer, die benötigt wurden. Und Kunst stand leider nicht an erster Stelle, aber Sport war gefragt. Und gegen Sport hatte ich nie was einzuwenden, ich dachte: ›Okay, das ist ja auch nicht schlecht.‹ Und so ist das entstanden, ganz schlicht.

Ich habe viereinhalb Jahre studiert. Das war die normale Zeit gewesen damals. Da war dann schon ein Praktikum dabei gewesen und die ganzen Prüfungen, und dann hat man den Abschluss als Lehrerin bekommen. ›Unterstufenlehrerin‹ hieß das bei uns, für Deutsch und Sport. Ich war damit qualifiziert für den Unterricht in Klasse 1 bis 4, habe aber auch Klasse 5 bis 7 unterrichtet, weil einfach der Bedarf da war an meiner Schule. 1987 war ich fertige Lehrerin an der Oberschule in Berlin-Marzahn. Da wurden Kinder von der 1. bis zur 10. Klasse unterrichtet.

Berlin-Marzahn war damals ganz anders als heute. Ich bin mit 14 mit meinen Eltern nach Berlin gezogen. Aufgrund der Arbeit meines Vaters ist die ganze Familie nach Berlin gezogen. Wir waren insgesamt fünf Personen, drei Kinder, zwei Erwachsene, und brauchten eine Wohnung. Marzahn war ein ganz neuer, ein ganz moderner Stadtbezirk – diese Hochhäuser, diese Betonsiedlung, würde man heute sagen. Damals war es eine Gegend, wo moderne schöne Wohnungen zu vermieten waren zu einem annehmbaren Preis. Ich kam aus einer kleinen Stadt, wir wohnten in einem Einfamilienhaus, also eigentlich optimale Bedingungen. Aber wir wollten unbedingt mal in einem Hochhaus wohnen. Wir fanden das einfach schick, meine Geschwister und ich, endlich einmal in so einem Hochhaus zu wohnen, in der ich-weiß-nicht-wievielten Etage. Es war wie im Hotel, und das kannten wir ja nicht. Für uns hatte das Großstadtflair, mit unseren Eltern und so eine tolle 5-Zimmer-Wohnung. Die war groß, die war schön, hatte Heizung, so was kannten wir gar nicht. Wir haben vorher mit Kohlen geheizt, und es war anstrengend. Wir hatten kein Bad, keine Badewanne. Ich bin sehr einfach groß geworden, und das war Luxus für uns, auch die Umgebung. Es war halt alles da, was man brauchte, und damals wohnten recht gute Leute dort. Es war ein vernünftiges Miteinander. Klar, es war groß, keiner kannte den anderen, aber das ist in Berlin jetzt ja auch nicht anders. Damals war es schon eine nette Gegend. Und als Lehrerin hatte ich es dort zu tun mit Kindern, die anständig erzogen waren, und ich hatte keine großen erzieherischen Probleme.

Ich hatte damals nie an meiner Entscheidung, Lehrerin zu werden, gezweifelt. Für mich war auch klar gewesen: Ich bin und bleibe Lehrerin. Ich mag Kinder und Jugendliche auch heute noch. Ich habe einen guten Draht zu Kindern und Jugendlichen. Es sind bei mir wirklich nur diese äußeren Umstände gewesen, die mich dazu gebracht haben, überhaupt darüber nachzudenken: ›Was mache ich denn jetzt? Geht es weiter, mache ich was anderes, was wird aus meinem Leben?‹ Ohne die Wende und die damit einhergehenden Veränderungen wäre ich mit hoher Wahrscheinlichkeit heute immer noch Lehrerin.

1990 habe ich meine Tochter zur Welt gebracht. Ich war, wie damals üblich im ehemaligen Osten, nur ein Jahr zu Hause gewesen, habe das Erziehungsjahr genommen, habe in der Zeit noch an der Humboldt-Universität einen Kurs besucht für Literatur, um danach dann eben einfach wieder einzusteigen. Ich hatte Lust, neben dem vollen Muttersein auch etwas für mich geistig zu machen, und habe dann diesen Kurs besucht. Und dann irgendwann, 1991, die Wende war da und ich war mittendrin. Ich war natürlich noch sehr jung, und meine ganzen Freunde, Bekannten und meine Kollegen – alles war im Aufbruch. Natürlich wusste man nicht: ›Wo geht es hin?‹ Da war eben einfach so eine Aufbruchstimmung! Ich war unendlich neugierig auf das, was kommt, und hatte auch den Eindruck, ich muss mich ausprobieren. Und dann gab es damals diesen absoluten Lehrerüberhang, es waren einfach viel zu viele da, und man hat versucht, die Leute abzubauen. Ich war halt gerade nicht im Schulsystem, ich war ja draußen im Erziehungsurlaub. Und da hat man mir von der entsprechenden Stelle gesagt, ich wäre ja kein sozialer Notfall. Sie konnten mir auch nicht sagen, wie das in zwei Jahren oder in fünf Jahren aussehen würde. Das war eben unbestimmt. Ich glaube, die wussten selber auch nichts. Keiner wusste zur damaligen Zeit, wie es weitergeht.

Ich bin ein relativ ungeduldiger Mensch, ich brauche immer ein Ziel. Und da habe ich natürlich überlegt: ›Was mache ich jetzt?‹ Ich wurde dann erst mal als Horterzieherin eingestellt, weil – irgendwie beschäftigen mussten sie mich ja. Da gab es eine Schule in Marzahn mit Blick auf Felder, Wiesen, Wälder, da wurde ich als Horterzieherin hinverfrachtet. Das war ziemlich schrecklich, das war ganz furchtbar, und da ist mir bewusst geworden: ›Nee, das will ich nicht, das auf keinen Fall!‹ Da gab es ganz viele Diplomlehrer, die waren so 40, 50, hatten ein Leben lang als Lehrer gearbeitet, die wurden nun dort im Hort beschäftigt. Die waren natürlich noch viel unzufriedener, denn mit 50 gibt man sein bisheriges Leben natürlich nicht so schnell auf, als wenn man 25, 26 ist, wo man eher sagt: ›Na ja, mein Gott, machen wir halt was Neues.‹ Dort in dem Hort herrschte so eine Jammerstimmung, alles war genervt, was auch verständlich war.

Da habe ich dann überlegt: ›Was kann ich, was will ich, was mache ich?‹ Ich bin dann eines Tages über die internationale Tourismusbörse, die ITB, diese Reisemesse in Berlin, gelaufen, bin da rumgelaufen und habe gemerkt, dass ich mich eigentlich gar nicht für die Reisen als Urlaub interessiere, obwohl das ja normal gewesen wäre, so als ehemalige Ostlerin. Mich hat viel mehr interessiert, was diese Fachbesucher da machen, also die Leute, die dort arbeiten, das fand ich hoch spannend. Ich habe zugehört, was sie so reden in ihren unterschiedlichen Sprachen, und fand es superspannend, zum Beispiel diese Kataloge, diese Reisen zusammenzustellen. Da war ich ziemlich schnell Feuer und Flamme, habe mich erkundigt, was man da so macht, und wollte dann in die Tourismusbranche. Klar, ich wollte auch reisen, aber das war bei mir komischerweise gar nicht der Hauptpunkt gewesen wie bei den meisten Touristikern. Ich wollte Kataloge machen, ich wollte kreativ sein und – natürlich wollte ich auch reisen, klar.

Da war ich wieder bei dem Kreativen angelangt, was eigentlich schon immer mein Ding war. Ich wollte Reisen zusammenstellen, mir Hotels anschauen, Reisebeschreibungen machen und solche Dinge. Dann habe ich relativ flott noch eine Umschulung zur Reiseverkehrskauffrau absolviert. Das ist auch wieder typisch für mich, es geht immer ziemlich flott bei mir. Ich wollte von Anfang an zu einem Reiseveranstalter – also nicht in ein Reisebüro, sondern zu einem Veranstalter –, und das hat dann auch geklappt. Ich war bei drei verschiedenen gewesen, und beim dritten bin ich dann wirklich zwölf Jahre hängen geblieben, habe da gearbeitet, also eine sehr lange Zeit. Dort war ich Produktmanager und verantwortlich für Reisen nach Asien, speziell Malaysia und Arabien.

Ich habe geglaubt, dass ich mich dort wohlfühle. Ich habe es geglaubt, weil man sich das vorstellt unter einem Berufsbild, dass das so ist. Ich hatte geglaubt, das ist sehr kreativ – das ist es natürlich auch ansatzweise, aber eben nur ansatzweise. Und daher dachte ich: ›Okay das entspricht dem, was ich möchte‹, und habe mich dafür entschieden, und es war auch eine schöne Zeit. Ich bin viel gereist, habe tolle fremde Kulturen kennengelernt, superliebe Menschen kennengelernt und auch richtig gute Freunde. Und ich möchte die Zeit dort überhaupt nicht missen, weil ich glaube, sie ist ein ganz fester Teil von mir, und daher bin ich jetzt so, wie ich bin. Ich habe eine unglaubliche Toleranz entwickelt anderen Menschen gegenüber und anderen Anschauungen gegenüber. Natürlich habe ich viele tolle Sachen gesehen, aber nachdem ich ein, zwei Jahre dabei war, habe ich festgestellt: ›Hm, es ist nett, es ist schön, ich kann viel reisen‹, aber irgendwie fehlte noch was.

Es vergeht dann so ein Jahr nach dem anderen, man hat nette Kollegen, man hat ein tolles Umfeld, ein schönes Team und nette Kunden. Und wie das halt so ist, so vergeht dann die Zeit. Und irgendwie lässt man sich natürlich auch von den anderen Kollegen und von den Freunden immer wieder sagen: ›Oh, was für ein toller Job, du kannst reisen!‹, so nach dem Motto ›Wo du arbeitest, kannst du auch Urlaub machen‹, und so weiter. Ich habe mich eine Zeit lang davon beeinflussen lassen und mir immer wieder selber eingeredet: ›Ach, was für ein toller Beruf.‹ Im Nachhinein würde ich schon sagen, ich war immer gut im Job, aber ich war nie sehr gut und ich wäre es auch nie geworden – weil es einfach nicht hundertprozentig das war, wofür ich mich leidenschaftlich begeistern könnte. Während meine Kollegen in ihrer Freizeit Lektüre gelesen haben über solche Sachen, hat mich das überhaupt nicht interessiert. Ich habe mich damit überhaupt nicht beschäftigt.

Ich habe stattdessen gemalt, ich habe mich um Farben, um Formen gekümmert. Das war mein Hobby, das ist mein Hobby! Es war trotzdem eine nette Zeit, keine Frage, aber ich war immer auf der Suche, jahrelang auf der Suche. Ich wurde zum Schluss richtig unzufrieden, richtig doll unzufrieden. Ich habe die ganze Zeit wieder überlegt: ›Was kann ich, was kann ich nicht?‹, habe kleine Tabellen angefertigt, um rauszubekommen: ›Was will ich denn jetzt?‹ Ich habe meinem Hobby gefrönt, das war Body Painting. Ich habe meine Freundinnen angemalt, die mussten da immer herhalten. Montags bin ich zur Arbeit gegangen und völlig zufrieden gewesen, weil ich am Wochenende kreativ sein konnte. Wir hatten natürlich Spaß gehabt, wir hatten tolle Ergebnisse, und da fühlte ich mich pudelwohl. Da war ich wirklich ich gewesen!

Aber Body Painting, da war ich nicht gut genug, da fehlt mir auch schlicht und ergreifend das Können, um damit Geld zu machen. Aber irgendwie wollte ich doch immer weiter in diese kreative Schiene. Während meiner Arbeit in der Reisebranche habe ich bei Gesprächen mit Geschäftspartnern bemerkt, dass ich oft abdriftete, dass ich mich gar nicht auf dieses Gespräch konzentrieren wollte, sondern diesen Menschen gesehen habe, die Optik, wie er schaut, die Haare, was macht die Farbe mit dem Menschen …

Und dann habe ich tatsächlich noch einmal gewechselt. Schuld daran war ein Zeitungsartikel der Berliner Zeitung über so ein Fernstudium, Farb- und Stilberatung. Da dachte ich: ›Whow, das könnte ja irgendwie alles so ein bisschen verbinden, Körper, Haut, Farbe, Formen.‹ Ich dachte: ›Cool, das könnte es sein.‹

Ich habe mir die ganzen Bücher, dieses Material zuschicken lassen, man kann das ja testen ein paar Monate, und habe festgestellt: So flach ist es gar nicht, wie ich vermutet hatte, das geht schon in die Tiefe, es geht da wirklich um Schönheit zurück bis zur Antike. Es geht um Mode generell, Geschichte der Mode. Ich habe mich dann angemeldet, ohne zu wissen mit welchem Ziel. Klar, ich wollte was lernen, aber ich wusste nicht, dass ich mich mal selbstständig mache, das war mir in dem Augenblick nicht ansatzweise klar gewesen. Ich wollte einfach erst mal etwas für mich tun.

Dann habe ich anderthalb Jahre diese Ausbildung gemacht und habe wirklich sämtlichen Urlaub dafür verbraten und auch die Wochenenden, weil ich es einfach klasse fand, weil es mir so viel Spaß gemacht hat. Ich wollte unbedingt so fit sein, dass ich eine Farb- und Stilberatung machen könnte, also nicht so ein bisschen Larifari, ich wollte wirklich viel tiefer gehen. Ich habe mich als normale Teilnehmerin in Kursen eingeschrieben an Volkshochschulen – also alles, was ein bisschen bezahlbarer war –, um auch mal zu schauen: ›Wie machen denn andere ausgebildete Farb- und Stilberater das?‹ Ich hatte ja überhaupt keine Ahnung, wie man so was überhaupt anstellt. Ich habe dann ganz viele Kurse, alles Mögliche mitgemacht, habe irgendwann eine Prüfung abgelegt als Farb- und Stilberaterin. Da fühlte ich mich wie dann hundertprozentig angekommen.

Kunden gibt es eigentlich genügend – das Problem ist nur, man braucht nur einmal im Leben so eine Farb- und Stilberatung. Mit Stammkunden ist es da schwierig, man muss es halt nicht öfter machen, es reicht einmal. Man braucht also immer wieder neue Kunden. Das ist natürlich unglaublich kraftaufwendig, und es ist schwierig, nur davon zu leben.

Aber das habe ich auch gar nicht vorgehabt. Ich wollte jetzt nicht alles über Bord werfen und sagen: ›Ich bin jetzt hier nur die Farb- und Stilberaterin.‹ Ich hätte davon nicht ansatzweise leben können, und daher dachte ich: ›Ich suche mir noch irgendeinen Nebenjob und mache dann noch diese Farb- und Stilberatung.‹ Das war mein idealer Wunsch, mein Wunschbild von meinem Leben. Am Anfang war ich immer noch nebenher als Produktmanagerin tätig. Ich hatte diese Ausbildung Farb- und Stilberatung abgeschlossen, mein damaliger Arbeitgeber wusste es natürlich. Als ich ihn dann gebeten hatte: ›Ich würde jetzt gerne hier aussteigen, und ich will mich selbstständig machen‹, habe ich dann noch eine Weile bei ihm nebenbei gearbeitet. Er hat mich dann ein bisschen an den Webseiten arbeiten lassen, und ich durfte sogar auf bestimmten Events, die sie gemacht haben, auftreten mit meinem neuen Produkt. Das war natürlich eine tolle Geschichte, aber irgendwann hatten sie wirtschaftliche Probleme, da war dann Schluss damit.

Da habe ich mich dann selbstständig gemacht mit meiner Farb- und Stilberatung und habe einen Nebenjob gesucht. Ich habe diverse Dinge ausprobiert, und irgendwann dachte ich: ›Ich gehe jetzt mal in die Modebranche zu irgendeinem netten Modeanbieter, weil – das ist ja nicht weit hergeholt, das passt ja.‹ Und bin dann zu einem französischen Modeunternehmen gegangen in Potsdam, habe mich da einfach vorgestellt und habe gesagt: ›Ich würde gerne nebenbei ein bisschen verkaufen wollen, ein paar Kleidchen verkaufen.‹ Das hat dann auch geklappt, man hat mich sofort genommen. Das ist jetzt drei Jahre her, und jetzt bin ich für dieses Modeunternehmen tätig als Store Managerin. Ich arbeite nicht nur in dieser einen Filiale, sondern ich bin Trainerin für alle Stores in Sachen Farben und Stil. Das heißt, ich schule die ganzen Store Manager, teilweise auch die Verkäufer, damit die nicht bloß normale Verkäufer sind, sondern wirklich Ahnung haben von ihrem Fach, dass die wirklich gucken: ›Was ist das für ein Kunde, welcher Typ ist das, was sind die schmeichelnden Farben, die Stoffe?‹, und so weiter.

Ab und zu arbeite ich nebenbei als Dozentin für Farb- und Stilberatung, habe auch ein paar direkte private Kunden. Es ist komisch: Ohne dass ich irgendetwas aktiv mache im Marketingbereich, kommen trotzdem immer wieder Kunden. Das ist inzwischen so eine Mund-zu-Mund-Propaganda, die kennt den, da hat mal jemand was erzählt, und so habe ich irgendwie immer ein paar Kunden, die ich dann am Wochenende berate oder in Volkshochschulen, wo ich Kurse gebe.

Ich denke wirklich, dieser Punkt ist extrem im Kommen. Und das ist natürlich eine ganz tolle Geschichte, wenn man Menschen helfen kann. Und es sind ganz viele Leute, die wissen genau, wie wichtig es ist, dass man sich selber pudelwohl fühlt in seiner Haut, weil – nur dann ist es sichtbar auch nach außen.

Mein Tipp für jemanden, der sich neu orientieren möchte: Zu gucken, wofür man wirklich brennt. Also ich glaube, nur dann, wenn man einen Leidenschaft für irgendetwas hat, wird man exzellent sein. Und man kommt nur weiter, wenn man exzellent ist.«

»Damals hatte ich keine Vorstellung, dass irgendwas anderes möglich ist, und ich glaube auch, dass die wenigsten es wissen.«

Hanne Koberg[4] | Jahrgang 1950 | Grund-, Haupt- und Realschullehrerin | Mitarbeiterin im Schulinformationszentrum der Schulbehörde Hamburg

»Eigentlich wollte ich nur Lehrerin werden, weil mir damals nichts Besseres einfiel. Ursprünglich wollte ich Diplom-Pädagogik studieren, aber dann merkte ich, dass man damit schlecht Geld verdienen konnte, weil es ein ganz neuer Studiengang war. Und dann habe ich halt Lehramt gemacht, mit

4 Name geändert

dem Ziel, ein besserer Lehrer zu werden als die, die ich selber gehabt hatte. Dass ich Haupt- und Realschule machen würde, war von vornherein klar, Gymnasiallehrer war nie mein Thema. Ich wollte eher die etwas Schwierigeren, da kam mein soziales Engagement durch. Das war natürlich zum Teil auch zeitbedingt: Als auch nur ansatzweise politisch bewusster Mensch kümmerte man sich 1969 halt um die Benachteiligten. Ich habe dann auch Soziologie studiert als Fach, auch das war, nun ja, irgendwie einfach Zeitgeist. Im Referendariat habe ich als zweites Fach Mathe dazugenommen, 1975 war ich fertig. Ich hatte erst mal gründlich die Nase voll und sagte mir: ›In den Schuldienst gehe ich jetzt aber nicht gleich.‹

Als Referendar wurde man behandelt wie ein Idiot, sie haben einen wirklich kleingemacht. Ich wollte einfach erst mal raus und mein eigenes Ding machen. Die Seminarleiter habe ich als selbstherrlich erlebt, selbstgerecht und auch wenig kritikfähig, sprich, es musste genau nach ihren Vorstellungen laufen, und die teilte ich einfach nicht.

Mit den Kindern und Jugendlichen in der Schule lief es ganz gut. Die Kleinen in der Grundschule fand ich allerdings ziemlich furchtbar, weil ich das Gefühl hatte, dass die mir sozusagen auch Scheiße in Bonbonpapier abnehmen würden. Mit den Größeren kam ich viel besser klar, aber irgendwie hatte ich das Gefühl: ›Ich will das jetzt noch nicht, ich muss erst noch was anderes sehen, bevor ich wieder in die Schule gehe.‹

Ich hatte oft das Gefühl, dass ich eigentlich nicht genug weiß, um meinen Job gut zu machen; man hat ja alle möglichen Fächer unterrichtet, ohne sie studiert zu haben. Ich musste das immer aus dem hohlen Bauch heraus machen, und das ist mir schon ein bisschen auf die Nerven gegangen. Der Kontakt zu den Kindern und Jugendlichen war eigentlich immer gut, das war nie das Problem. Mit den Kleinen, wie gesagt, fühlte ich mich nicht wohl, aber mit den Großen hatte ich echt Spaß – je älter desto besser.

Ich habe mich dann nach dem Referendariat erst mal als Pharmareferentin beworben. Da konnte man sich ohne spezielle Vorbildung bewerben. Ich fand es spannend, das auch mal mitzumachen. Das waren ja alles Dinge, die ich gar nicht kannte. Nach vier Wochen Ausbildung in München ging es ans Arbeiten, und es war nur noch furchtbar. Die Ärzte jaulten mir die Ohren voll von Kostendämpfungsgesetzen und wie schlecht es ihnen ginge. Und überhaupt, diese Vertretertätigkeit war nicht meines. Ich kann nicht jemanden von etwas überzeugen, wo ich letztendlich nicht dahinterstehe. Wenn ein Arzt mir sagt, ich habe schon fünf Blutdrucksenker, dann kann ich das verstehen, wenn er den sechsten nicht mehr nehmen will. Insofern war das nicht mein Ding.

Ich habe es dann trotzdem immerhin anderthalb Jahre gemacht. Inzwischen war dann Einstellungsstopp für Lehrer in Hamburg, und ich kam nicht mehr rein, als ich nun wollte.

Zufällig hörte ich, dass in Hamburg das Amt für Jugend einen Lehrer für eine Heimschule suchte. Damals hatten wir ja noch die Heime, und die hatten oft eigene Schulen, weil ihre Leute aus den anderen rausgeflogen waren. Ich habe mich da schnell beworben, obwohl ich gar nicht wusste, was das eigentlich war, und bekam die Stelle dann auch.

Ja, und dann war ich Heimschullehrerin an einem Kinder- und Jugendheim. Das wäre normalerweise eine Stelle für Sonderschullehrer gewesen, aber die waren halt lieber an einer normalen Sonderschule als in so einem Chaotenclub. Deswegen bekam ich als Haupt- und Realschullehrerin trotzdem die Stelle.

Das war wirklich ein Chaotenclub. Ich hatte 12 oder 13 Kinder, die auf dem Schrank saßen und schrien: ›Wir bestimmen hier!‹ Jeder Lehrer hatte eine Klasse mit 26 Stunden. Das heißt, du musstest dich irgendwie mit den 26 Stunden arrangieren. Die Schüler waren zwischen 12 und 14 Jahre alt und waren aus den normalen Schulen geflogen; für die waren wir extra da.

Natürlich hätte ich nach den Richtlinien unterrichten sollen, aber das war kaum möglich. Du hattest eine große Bandbreite, vom Analphabeten bis zu einem, der gut lesen, schreiben und rechnen konnte. Also im Grunde habe ich immer das gemacht, was ich für sinnvoll hielt, wobei ich schon versucht habe, auf die Richtlinien zu achten. Ich habe zum Beispiel auch Physik unterrichtet und dann in der Nacht in meiner Küche Heißluftballons gebastelt. Aber im Grunde war es so, dass da keiner nachfragte. Die Hauptsache war, es lief irgendwie.

Mir kam diese Arbeit mit benachteiligten Kindern und Jugendlichen entgegen. Es war erfüllend, mich als Person einzubringen und so bei den Jugendlichen die Bereitschaft zum Lernen zu wecken. Reine Wissensvermittlung war noch nie mein Ding.

Später löste man die Heime auf, und die Kinder kamen in Jugendwohnungen. Wir Lehrer wurden dann ›schulische Erziehungshilfe‹ und hatten nur noch Einzelne oder kleine Gruppen in diesen Jugendwohnungen. Es war natürlich schwierig, weil sie, wenn wir kamen, entweder abgehauen waren oder noch im Bett lagen. Manchmal waren sie tatsächlich auch mal da. Solange die Jugendlichen noch in der Schule waren, sind wir auch dorthin gefahren, um die Schulen darin zu unterstützen, die Leute in den Klassen behalten zu können. Es war aber oft sinnlos, zum Beispiel war ein Jugendlicher in der zweiten Stunde rausgeflogen und wir kamen in der vierten oder so.

Manchmal hatte man aber auch wirklich ganz aufgeweckte, positive Leute, und die Arbeit machte richtig Spaß. Ich habe später zum Beispiel in Werkstätten für schwer vermittelbare Jugendliche gearbeitet, einer überbetrieblichen Einrichtung. Die Jugendlichen kamen in der Berufsschule meistens nicht klar, und ich habe da mit einem Kollegen quasi Nachhilfeunterricht gemacht.

Da war ich 15 Jahre lang tätig, und das war toll. Das waren praktisch Erwachsene, also zwischen 18 und 22 Jahre alt, die letztendlich auch was wollten. Im Grunde haben wir die fit gemacht für die Berufsschule, und das war wirklich befriedigend.

1999 wurde dann alles mehr oder weniger privatisiert, die Werkstätten mussten ihre eigenen Leute finden. Da wir

Beamte waren, konnten wir nicht weitermachen. Da habe ich mir gesagt: ›Okay, ich gehe in die Regelschule.‹

An einer Grund-, Haupt- und Realschule in einem Hamburger Problemgebiet habe ich drei Jahre eine Hauptschulklasse 7 bis 9 geführt. Es war schwierig, aber nachdem ich die irgendwie so weit hatte, waren sie wirklich toll, dann hat es auch Spaß gemacht. Trotzdem habe ich mir letztlich gesagt, das kann doch so alles nicht normal sein. Ich versuchte es dann mit Realschülern, Klasse 7 bis 10, und musste mir eingestehen, dass es genauso frustrierend war. Auch hier war es unheimlich schwierig, irgendeine Motivation zu erzielen, es war ein Einsatz notwendig, der mich über meine Kraft forderte. Meine Grenze war einfach erreicht.

Ich habe dann die Schule gewechselt und ein Jahr Fachunterricht gemacht. Ich hatte zwei 5. Klassen, und die haben mich völlig fertiggemacht. Ich war einfach irgendwie durch, ich hatte keine Geduld mehr, ich konnte es nicht mehr ertragen – den Lärm, die dummen, dreisten kleinen Gören – und war immer kurz davor, denen eine zu kleben oder sie in den Hintern zu treten. Morgens dachte ich, ich kann da heute nicht hingehen, und dann fiel ich dauernd um. Also ich fiel einfach von jetzt auf sofort um. Da habe ich gedacht, ich habe irgendwas im Kopf und bei einer Neurologin einen Termin gemacht. Die Sommerferien kamen, und ich saß ich bei der Neurologin und dachte mir: ›Was will ich hier? Es geht mir doch wunderbar.‹ Ich ging dann trotzdem rein, und die guckte mich bloß an, und schon saß ich da und heulte. Sie schickte mich in die Klinik, wo ich zehn Wochen war. Danach hatte ich eine Wiedereingliederung in die Schule, stundenweise. Aber dann kriegte ich dieselben Schüler wieder, diese 5. Klassen, die mich zu Tode nervten, und daraufhin habe ich dann gesagt: ›Jetzt ist Schluss, das muss ich mir nicht mehr antun, das kann ich nicht mehr, das will ich nicht mehr.‹

Der Personalreferentin in der Behörde sagte ich: ›Ich kann nicht mehr in die Schule gehen, aber ich kann ganz viele Sachen, und was kann ich tun?‹ Die Möglichkeiten waren: sich krankschreiben lassen, sich bedingt krankschreiben lassen oder sagen, dass ich für den Schuldienst nicht mehr geeignet sei. Da bin ich zum Schulleiter gegangen und habe gesagt: ›Jetzt ist Schluss.‹ Der personalärztliche Dienst bescheinigte mir, dass ich für die Schule nicht mehr tragbar sei, aber ansonsten zu 100 Prozent arbeitsfähig.

Die Personalreferentin hatte so spaßeshalber gesagt: ›Na ja, wenn das alles nicht klappt, können sie bei mir ja Akten sortieren.‹ Da habe ich sie angerufen und gesagt: ›Okay, ich komme zum Aktensortieren.‹ Als ich bei der Behörde anfing, war es gerade nach dem Regierungswechsel, neue Senatorin und so, große Schulreform, und sie wollten eine Hotline zur Schulreform machen. Und die habe ich dann übernommen mit einer jungen Kollegin. Das war der Glücksfall des Jahrhunderts.

Ich kam dort an, und alle sagten: ›Oh, wie schön, dass Sie da sind, und was möchten Sie denn gerne, möchten Sie dies oder möchten Sie jenes, was möchten Sie im Haus kennenlernen?‹ und so. Also ich dachte immer nur: ›Grandios!‹ Nach einem Dreivierteljahr wurde ich dann von der neuen Pressesprecherin der Schulbehörde gefragt, ob ich in der Pressestelle mitarbeiten könne. Das habe ich gemacht. Aber dann gab es wieder neue Senatoren und Regierungswechsel. Und ich dachte: ›Das will ich nicht. Letztendlich ist das auch ein einsamer Job. Du sitzt alleine in deinem Büro.‹ Mir fehlte einfach persönlicher Kontakt.

Und dann wurde ich gefragt, ob ich Lust hätte, im Schulinformationszentrum mitzuarbeiten, wo man mit Kollegen zusammenarbeitet und Eltern mit ihren Kindern berät. Hier bin ich nun mit einer Kollegin gemeinsam zuständig für Migranten, die kein Deutsch können und in die Vorbereitungsklassen eingeschult werden, damit sie erst einmal Deutsch lernen. Da kommen Eltern mit ihren Kindern, und ich suche ihnen eine passende Schule und erkläre, wie das alles so funktioniert.

Das macht mir Spaß, allein schon, weil das mit den Menschen so schön ist. Also man muss natürlich mit Händen und Füßen reden, aber die Eltern und die Kinder freuen sich.

Als es mir so schlecht ging, hatte ich keine Vorstellung, dass irgendwas anderes möglich ist, und ich glaube auch, dass die wenigsten es wissen. Ich war mir eben nur sicher, das ich das nicht mehr konnte. Ich hatte auch nicht begriffen, dass ich Depressionen hatte, sondern mir immer gesagt: ›Nun stell dich nicht so an, das wird schon, reiß dich zusammen.‹ Und dadurch habe ich mich wirklich so fertiggemacht, dass ich dann auch wirklich zehn Wochen in der Klinik brauchte, um wieder klarzukommen. Ich hätte sicherlich früher etwas unternehmen sollen. Aber ich bin froh, dass ich nun diesen Job hier machen kann.«

Anmerkung: Hanne Koberg (Name geändert) arbeitet jetzt auf Grundlage von §26 (früher §47) des Beamtenstatusgesetzes, Stichwort »Dienstunfähigkeit« (siehe S. 120f.).

»Im Leben kommt es immer auf die Persönlichkeit eines Menschen an. Wenn ich in meiner Persönlichkeit gefestigt bin, souverän bin, gut bin, mit mir selbst gut klarkomme, kann ich machen, was ich will. Ich werde jeden Beruf gut ausführen und auch mit Menschen gut auskommen. Ich glaube, dass viele Probleme, die man heute als fachlich begründet ansieht, im Grunde genommen reine Persönlichkeitsprobleme der handelnden Personen sind.«

Claudia Ludwig | Jahrgang 1949 | Grund-, Haupt- und Realschullehrerin aus Hamburg | Kommunikationstrainerin und Coach und seit 2010 Verlegerin (www.classicus-verlag.de)

»Ich bin immer unheimlich gern zur Schule gegangen, vom ersten Tag meines Schullebens an. Ich hatte eine ganz wunderbare Grundschullehrerin, die ich sehr geliebt habe und die für mich eine große Vorbildfunktion hatte. Schon mit zehn Jahren wusste ich: ›Ich werde Lehrerin.‹ 1969 habe ich Abitur gemacht und viele meiner Freundinnen wollten auch Lehrerin werden, so trafen wir uns alle an der Uni wieder. Mein damaliger Verlobter studierte Höheres Lehramt, und so war ich an der Uni in einer großen Gemeinschaft von angehenden Lehrern. Da ich Englisch immer geliebt habe und die Sprache toll fand, habe ich Englisch studiert für das Lehramt an Haupt- und Realschulen – und natürlich Pädagogik.

Meine Grundschullehrerin war eine tolle Frau, die eine unglaublich künstlerische Ader hatte, und sie war voller Lebensfreude. Wir haben ganz viel gesungen, sie hat mit uns Ausflüge gemacht. Für mich war sie eine großartige Frau mit vielen Interessen. Sie war alleinstehend und hatte eine Tochter. Über einen Mann hat sie nie etwas erzählt, vielleicht war er im Krieg gefallen. Ihren Unterricht fand ich einfach toll. Wir haben ganz viel gemalt im Unterricht, wir haben viel von der Tafel abgeschrieben, wir haben das Abgeschriebene noch mal in Reinschrift gesetzt. Als ich dann zum Gymnasium gehen sollte – ich habe ja damals noch eine Aufnahmeprüfung gemacht, die ich auch bestand –, habe ich nur geheult, weil ich nicht von der Schule wollte. Ich wollte nicht von meiner Lehrerin weg, meine Grundschulzeit war also eigentlich für mich der Traum, ehrlich gesagt.

Meine Lehrerin reiste viel und erzählte uns von ihren Reisen. Sie öffnete eigentlich die Tür zur Welt für mich. Schon damals fuhr sie ein offenes Auto, war weltoffen und gewandt und für die 1950er-Jahre unheimlich modern. Sie trug rot lackierte Fingernägel und malte sich die Lippen an. Sie war so um die 50 und eine attraktive Frau, pfiffig, peppig, clever. Das habe ich als Bild mitgenommen und deshalb wollte ich auch so werden. Auf dem Gymnasium hatte ich auch Lehrer, die ich gerne mochte, aber sie haben mich nicht mehr so beeindruckt wie meine Grundschullehrerin.

Im Referendariat habe ich als zweites Fach Deutsch gewählt, was natürlich von der Korrektur her völlig verrückt war, denn Deutsch und Englisch in den Klassen 7 bis 10, das war natürlich wahnsinnig korrekturintensiv, aber das ist mir erst später aufgefallen.

Wir hatten im Referendariat eine Fachseminarleiterin für Deutsch, die mir wirklich die Liebe zur Literatur mitgegeben hat. Sie hat immer wieder ganz klar gesagt: ›Literatur muss auch in die Hauptschule.‹ Unsere Seminarleiter damals haben die Schüler sehr ernst genommen. Diese Diskriminierung von Hauptschülern oder von Kindern und Jugendlichen mit Migrationshintergrund, das hat damals gar nicht stattgefunden, sondern die Aussage war einfach so: ›Das sind Schüler, und denen wollen und sollen Sie etwas beibringen, und deshalb müssen Sie hier anständig arbeiten!‹ Unsere Fachseminarleiterin hat uns immer auch Anekdoten aus ihrer eigenen Schulzeit erzählt, was sie selbst als Lehrerin erlebt hat, wie sie das gemacht hat, und von den Erfolgen, die sie auch besonders bei Hauptschülern hatte. Und wir haben das selbst erlebt, wenn wir mit Literatur gearbeitet haben, dass Schüler plötzlich ganz tolle Dinge gesagt haben. Das hat mich sehr beeindruckt, und das hat mich immer wieder neu motiviert. Wir hatten insgesamt schon eine gute Ausbildung, auch wenn sie uns damals ziemlich hart vorkam. Ich habe später davon super profitiert.

Wirklich ganz schwierige Schüler hatte ich eigentlich nicht. Natürlich gab es immer mal Schüler, die laut waren, die Unsinn machten oder mit Krampen schossen, die dummes Zeug machten oder zum Beispiel unter dem Tisch etwas anzündeten. Dann wurde der Schüler eben zum Schulleiter geschickt, und dann hatte auch der schlimmste Schüler ein bisschen Muffensausen. Wir hatten guten Kontakt zu den Eltern unserer Schüler. Wenn etwas vorgefallen war, haben wir mit den Eltern gesprochen, und den Eltern war das dann meist unangenehm und sie haben gesagt: ›Das ist uns peinlich, wir entschuldigen uns und wir werden mit unserem Sohn sprechen.‹ Also es gab diese Einstellung noch nicht, dass man sagte: ›Du bist Lehrer und du bist unser Dienstleister, also mach was für uns!‹, sondern unsere Schüler haben uns schon als Lehrer geachtet und respektiert, und wenn es

Schwierigkeiten gab mit Kindern und Jugendlichen, dann haben wir das gemeinsam geregelt, mit dem Schulleiter und mit den Eltern.

Nach dem Referendariat sollte ich dann zunächst eine 1. Klasse übernehmen, und das war für mich hart, weil ich mich da sehr stark einarbeiten musste, denn meine Ausbildung war mehr auf die älteren Schüler bezogen. Da ging das auch los mit Mengenlehre, was ich ganz gruselig fand. Ich bin jede Woche vier Stunden ins Lehrerfortbildungsinstitut gewandert und habe da Kurse gemacht und habe das dann wiederum in den Unterricht umgesetzt, und gleichzeitig hatte ich meine höheren Klassen mit Englisch und Deutsch. Das war also schon ein ziemlicher Schlauch.

Aber ich bin immer sehr gerne Lehrerin gewesen. Ich fand es hochinteressant, mit Jugendlichen zu arbeiten. Ich habe mich immer für die Kinder interessiert, und je schwieriger sie waren, desto mehr war es ja eine Herausforderung: ›Wie gehe ich mit diesem schwierigen Jungen oder mit diesem schwierigen Mädchen um?‹ Sicherlich habe ich auch mal dem einen oder anderen Unrecht getan, gar keine Frage, das bleibt ja nicht aus, aber ich habe nie einen Schüler bewusst persönlich fertiggemacht oder in seiner Persönlichkeit verletzt – das hoffe ich jedenfalls!

Englischunterricht, also das ist immer das Größte für mich gewesen. Ich habe meinen Schülern immer gesagt: ›Es ist wichtig, dass ihr Englisch könnt, Englisch ist die Weltsprache!‹ Ab 1985 habe ich dann dreimal Austausch mit Amerika gemacht. Wir waren die einzige Haupt- und Realschule in Norddeutschland, die das gemacht hat. Das hat meine Oberschulrätin mir angetragen und gesagt: ›Frau Ludwig, das schaffen Sie‹, und dann haben wir diesen Schüleraustausch eben gemacht, und das war ganz fantastisch.

1977, da war ich 28, wurde ich offiziell stellvertretende Schulleiterin, nachdem ich das schon ein Jahr kommissarisch gemacht hatte. Ich habe gesagt: ›Ich weiß nicht, vielleicht schaffe ich das, aber vielleicht schaffe ich das auch nicht, ich versuche es‹, und dann hat mich halt der Ehrgeiz gepackt. Das habe ich gemacht bis zwei Jahre vor Schluss. Ich hatte dann Schwierigkeiten mit meinem Schulleiter, das war alles nicht sehr schön, und dann habe ich mich entpflichten lassen, und die letzten zwei Jahre bin ich sozusagen zurück ins Glied gegangen.

1990, also mit 41, bekam ich ein Angebot von einer Unternehmensberatung. Zwei Leute, mit denen ich auch befreundet war, sagten: ›Wir brauchen hier jemanden, der was für Frauen macht und Seminare für Frauen leitet.‹ Und dann bin ich zu denen und habe da angefangen. Ich habe damals schon bewusst gesucht, weil ich da in einer schweren persönlichen Krise steckte. Da habe ich für mich beschlossen, ich muss etwas Neues machen, auch außerhalb von Schule. Ich hatte ein Angebot, Schulleiterin an einer Grundschule zu werden, aber ich wollte irgendwie ganz raus.

Erst habe ich gedacht: ›Du machst hier deinen Unterricht und machst das mit den Schülern weiter‹, weil die immer mein Ankerpunkt waren. Die waren klasse, zu denen hatte ich auch einen sehr guten persönlichen Draht. Ich habe beispielsweise eine Schülerzeitung mit Schülern aufgebaut, und wir waren damit sehr erfolgreich. Ich habe meine Schüler samstagmorgens zu mir eingeladen, die brachten dann ihre kleinen Reiseschreibmaschinen mit. Ich war für das leibliche Wohl zuständig, und dann haben sie ihre Artikel geschrieben, und so haben wir unsere Schülerzeitung gemacht. Also, das hat großen Spaß gemacht! Ich habe auch »Schnelles Kochen« unterrichtet. Ich habe immer geguckt, dass ich nicht nur Deutsch und Englisch gebe, sondern auch mal Fächer, in denen ich mit den Schülern persönlicheren Kontakt haben konnte.

Ich war Mitglied in der GEDOK, das ist eine Gemeinschaft von Künstlerinnen und Kunstfreunden, dort gab es viele Vernissagen. Über diese Verbindung lernte ich eine Künstlerin kennen, für die ich dann privat Ausstellungen veranstaltet habe. Auf einer ihrer Vernissagen waren so 200 Leute, und ich habe alle begrüßt, eine kleine Ansprache gehalten und einiges über die Künstlerin erzählt. Ich habe mich einfach auf eine Leiter gestellt und diese Rede gehalten.

Da waren eben auch diese »Unternehmensberater-Freunde« von mir, und die kamen anschließend auf mich zu und sagten: ›Das hast du super gemacht, und wir brauchen jemanden wie dich. Du sollst Seminare für Frauen machen.‹ Und dann habe ich mich hingesetzt und habe die Konzepte geschrieben für zwei Seminare. Das eine hieß ›Selbstsicher reden und auftreten‹, und das zweite hieß ›Richtiges Denken und Handeln in Konfliktsituationen‹. Die habe ich an meine neuen Arbeitgeber geschickt, die haben das geprüft und für gut befunden. Sie haben die Teilnehmerinnen dann auch für mich akquiriert, und ich habe immer am Wochenende Seminare gegeben. Das habe ich ein paar Monate gemacht. Ich bekam 35 Prozent der Einnahmen und habe gedacht: ›Das kannst du doch auch alleine!‹ Und ich habe dann die Entscheidung getroffen, allein weiterzuarbeiten.

Von der Schule konnte ich mich damals für sechs Jahre ohne Bezüge beurlauben lassen. Diese Jahre wurden natürlich auch nicht auf meine Pension angerechnet. Ich bin also 1990 ausgeschieden, hatte die Chance, innerhalb der sechs Jahre wieder zurückzukommen, was natürlich super war.

Natürlich sagten dann auch einige: ›Mensch, du bist sehr mutig, ich könnte das nicht‹, und ich war sogar noch alleinstehend. Das heißt, ich hatte keinen Mann, keinen Freund, bei dem ich sozusagen noch eine Anleihe hätte machen können, also zumindest am Anfang nicht, und das habe ich auch nie bereut. Das war völlig okay.

Also, das ist eine super Möglichkeit, wenn man schon mit dem Gedanken spielt: ›Ich muss nicht als Lehrer pensioniert werden, sondern da gibt es vielleicht noch andere Möglichkeiten.‹ Nach sechs Jahren musste ich mich aber entscheiden: zurück an die Schule oder kündigen. Ich habe dann gekündigt.

Dann wurde ich nachversichert und dadurch ist natürlich meine Rente lächerlich. Von der kann ich nicht leben und nicht sterben. Ich habe mich dann aber privat versichert und habe verschiedene Rentenversicherungen abgeschlossen. Es war auch für mich nie so, dass ich gesagt habe: ›Ich möchte irgendwann pensioniert sein und nichts mehr arbeiten.‹ Das war gar nicht in meinem Kopf, ist heute auch nicht in meinem Kopf. Also, ich möchte nicht aufhören zu arbeiten. Wenn es gesundheitlich geht, mache ich noch die nächsten 20 Jahre weiter.

Ich habe also etwa ein Dreivierteljahr bei dieser Unternehmensberatung gearbeitet und dann ja allein weitergemacht. Da musste ich also selbst akquirieren. Nun hatte ich glücklicherweise sehr viele Freunde, die nicht Lehrer waren, und so hatte ich viele Kontakte auch in Wirtschaftsunternehmen, sodass ich da einfach meine Fühler ausgestreckt habe. Und dann, das muss ich sagen, darauf bin ich auch stolz, habe ich mich mit meiner Arbeit durchgesetzt. Ich habe nach einiger Zeit dann selber nicht mehr akquirieren müssen, sondern wurde empfohlen. Ich bekam mehr und mehr Anfragen, habe für das Institut Neue Wirtschaft gearbeitet. Ich habe auch für mehrere Verbände gearbeitet, die mich dann an Unternehmen vermittelt haben, und die haben mich dann wieder anderen Firmen empfohlen. Dadurch bekam ich eben sehr viele Aufträge, war sehr gut gebucht und habe super verdient.

Die Seminare, die ich gegeben habe, bezogen sich zum einen auf Rhetorik für Frauen, ›Selbstbewusstsein für Frauen‹, aber nachher auch auf das Thema Führung. Diese Seminare waren dann auch für Männer und Frauen, es waren also im Grunde genommen Persönlichkeitstrainings. Letztendlich ist ja Rhetorik auch ein Training an der eigenen Persönlichkeit. Ich kann ja nicht gut sprechen, wenn ich permanent aufgeregt bin oder wenn ich total unsicher bin oder wenn ich dauernd daran denke, dass ich keinen Fehler machen darf, sondern ich muss in mir ruhen, um etwas machen zu können. Das heißt, ich habe in den Seminaren immer versucht, mit den Menschen an den eigenen Persönlichkeitskern zu kommen und herauszufinden: ›Was braucht der Einzelne noch, um einen Schritt weiterzugehen, um etwas zu erreichen, was er gerne erreichen möchte?‹

Da gab es eine ganze Menge, was ich aus meinem eigentlichen Lehrerberuf habe mitnehmen können: Erst mal die Aufbereitung eines Themas, weil ich einfach gelernt hatte, Unterricht vorzubereiten. Es geht alles im Grunde genommen immer um denselben Kern, nämlich die eigene Persönlichkeit, und dazu gibt es natürlich Bücher ohne Ende. Ich habe gelesen, gelesen, gelesen, aus den Büchern herausgeschrieben, alles dann wieder selbst durchdacht, mit anderen gesprochen, und aus diesen Einzelteilen habe ich dann meine Konzepte gemacht.

Es sind schon viele Lehrer in diesen Berufen tätig, weil das Durchführen von Seminaren und Trainings natürlich auch eine Art Lehrberuf ist. In der Schule kämpft man natürlich immer so ein bisschen und muss die Schüler überzeugen, dass sie das Thema toll finden, was ja nicht immer der Fall ist. Und in den Seminaren, da saßen Leute, die hatten dafür bezahlt, dass ich ihnen etwas erzähle, das war natürlich sensationell, und das fand ich ganz toll, das hat mich sehr motiviert. Natürlich gab es auch welche, die skeptisch waren am Anfang. Ich habe zum Beispiel einmal eine ganze Seminarreihe für die Finanzbehörde gemacht, da sagten die Teilnehmer: ›Wir gehen wieder zum Kuschelseminar bei Ludwig.‹ Aber zum Schluss waren alle überzeugt, dass das keine schlechten Ideen und Anregungen waren, die ich ihnen da präsentiert hatte.

Meine Grundüberzeugung ist: Im Leben kommt es immer auf die Persönlichkeit eines Menschen an. Wenn ich in meiner Persönlichkeit gefestigt bin, souverän bin, gut bin, mit mir selbst gut klarkomme, kann ich machen, was ich will. Ich werde jeden Beruf gut ausführen und auch mit Menschen gut auskommen. Ich glaube, dass viele Probleme, die man heute als fachlich begründet ansieht, im Grunde genommen reine Persönlichkeitsprobleme der handelnden Personen sind. Da gibt es noch ganz viele Menschen, die ganz viel lernen können, mich eingeschlossen. Ich habe selber natürlich auch Seminare besucht und bin zu Kommunikationstrainings gegangen, Persönlichkeitstrainings, und habe mich da weitergebildet. Aber ich habe eben auch ganz viel aus Büchern gelernt – es gibt so viele großartige Bücher!

Meine Seminare und auch Coachings habe ich dann insgesamt 20 Jahre gemacht. 2006 gab es für mich dann einen ganz großen persönlichen Einschlag durch den plötzlichen Tod meines Mannes. Da habe ich ein Jahr lang beruflich gar nichts gemacht. In 2008 habe ich dann wieder angefangen, Seminare zu machen, habe auch kleine Seminare gemacht mit wenigen Teilnehmern in meinen Büroräumen, mit vier bis sechs Teilnehmern, und das ging dann auch. Aber ich habe auch gemerkt, der große Akquisitionsschub, der kommt nicht so richtig. Und das war so ein bisschen nichts Halbes und nichts Ganzes. Ich konnte die alten Dinge nicht so ohne Weiteres wieder aufleben lassen. Viele meiner Kontaktleute in den großen Firmen waren inzwischen pensioniert, und ihre Nachfolger hatten ihre eigenen Kontakte. Verschiedentlich habe ich immer noch mal was gemacht, habe mehr und mehr auch Coaching gemacht, also Einzelberatung, das mache ich auch heute noch.

Aber dann hat es sich für mich so ergeben, dass ich gedacht habe: ›Ich habe sehr viel geschrieben, auch sehr viele Anleitungen zu den Seminaren‹, und da dachte ich: ›Das kann ich ja mal als kleines Büchlein herausgeben.‹ Das war eigentlich die Initialzündung, um meinen Verlag zu gründen. Dann kam die Idee mit dem Powerfrauenbuch. Da habe ich mich mit zwei Frauen zusammengesetzt, und wir haben dieses Projekt ausgeheckt.

Dann traf ich auf eine andere Autorin, die sagte, sie habe schon ein ganzes Buch in der Schublade, und ich habe gedacht: ›Mensch, dann ist es doch vielleicht gar nicht schlecht, dann kommst du eben mit zwei Büchern heraus.‹ Das war natürlich etwas naiv, weil zwei Bücher auch mehr kosten als ein Buch. Aber ich habe es trotzdem gemacht, und das war halt mein erster Schritt in diese Richtung.

Den Verlag habe ich als GmbH gegründet, und ich mache im Moment noch alles allein. Das ist natürlich immer wieder erstaunlich, dass, wenn man so vor sich hinarbeitet, plötzlich so ein fertiges Buch vor einem liegt. Das finde ich dann immer schon faszinierend und wirklich großartig! Und jetzt heißt meine Devise: Der Verlag muss bekannt werden, die Produkte, die Bücher, müssen bekannt werden, und es müssen immer wieder neue Bücher erscheinen! Das ist eine echte Herausforderung, das kann man wirklich sagen, aber ich liebe ja Herausforderungen.

Mein Verlag ist ein kleiner unabhängiger Sachbuchverlag, das heißt, ich verlege keine Romane oder Belletristik, sondern ausschließlich Sachbücher. Es geht natürlich um Themen, die mich auch persönlich beschäftigen. Das Buch ›Weniger ist mehr‹ handelt von Entschleunigung, Entstressung, Klarmachen, Bewusstmachen – wo sind wir eigentlich, wo stehen wir eigentlich, immer mehr, immer höher, immer weiter, geht das eigentlich noch? Burnout ist ja auch so ein klares Zeichen: Es geht nicht mehr, die menschlichen Möglichkeiten sind eben nicht so ausgelegt, dass ich sieben Tage in der Woche 24 Stunden online und erreichbar bin. Das kann kein Mensch aushalten. Da wir das aber teilweise von uns fordern, überfordern wir uns und müssen einmal sagen: ›Moment mal, ich brauche jetzt mal drei Tage nur Aufs-Meer-Gucken, nur In-die-Berge-steigen, sonst geht es nicht weiter.‹ Das Thema ist also ›Weniger ist mehr‹. Dann natürlich das Thema Bildung, das lässt mich immer noch nicht los. Und natürlich auch das Thema Frauen, Beruf und Berufung, Bildung und Können, Gesellschaft und Gemeinschaft, und dann kommt vielleicht noch Kultur und Kommunikation dazu.

Parallel bin ich aktiv in einem Netzwerk für Frauen, das ich 1997 gegründet habe, dem ›Managerstammtisch‹. Das sind alles Frauen, die berufstätig sind als Rechtsanwältinnen, Steuerberaterinnen, natürlich sind auch viele Trainerinnen dabei, Coaches, Immobilienmaklerinnen, Ärztinnen oder Angestellte aus Verlagen, Banken und Unternehmen. Es gibt natürlich ganz viele offizielle Netzwerke, auch sehr viele Frauennetzwerke. Ich habe FIM – Frauen im Management – vier Jahre als erste Vorsitzende geleitet. Das hat aber dann immer auch zu tun mit Satzung, mit Bürokratismen, und das sind Dinge, die ich absolut nicht gut finde. Dann unterhält man sich stundenlang über den Jahresbeitrag und diskutiert das ewig, oder wie diese und jene Abläufe sind. Das ist alles nicht mein Ding. Deshalb war meine Idee: ›Ich gründe diesen Managerstammtisch, und ich lade einfach ein, sage, wo die Location ist, sage, wer kommt als Referent.‹

Ich bin nach wie vor aktiv im Bereich Beratung, Coaching, Seminare. Ich habe noch aus alten Verbindungen immer wieder jemanden, der mich empfiehlt, und das mache ich auch gerne. Aber jetzt ist meine Hauptaufgabe, Verlegerin zu sein, ich bin geschäftsführende Gesellschafterin dieses Verlages. Ich werde demnächst auch Seminare zu den Büchern anbieten, ich nenne das ›Buch & Seminar‹. Das eine soll heißen: ›Entdecke die Powerfrau in dir‹, und das zweite zum Thema ›Weniger ist mehr‹ heißt: ›Weniger Stress, mehr Lebensqualität‹.

Als Freiberufler kann man im Grunde genommen zu Hause anfangen. Man hat keine große Investition, muss allerdings akquirieren können, das heißt, auch mit einem Nein umgehen können und trotzdem weitermachen wollen. Man hat eigentlich relativ geringe Anfangskosten. Man braucht natürlich ein Logo für sich und einen Namen. Ich habe mich ›Seminare und Beratung‹ genannt oder ›Claudia Ludwig Seminare und Beratung‹. Es gibt auch welche, die nennen sich dann ›CL Beratung‹ oder ›Managementberatung‹ oder ›Coaching und Training‹ oder was auch immer. Also davon gibt es natürlich viele. Das heißt, wenn ich als Freiberufler anfange, muss ich mir ein klares Konzept machen für mich: ›Die Marke Ich – wie verkaufe ich mich, in welche Richtung gehen meine Seminare und an wen kann ich mich wenden?‹ Wenn man zum Beispiel Biologielehrerin war, dann kann man Seminare anbieten: ›So ernähren Sie sich richtig‹ oder ›Wie schaffe ich es, nicht zuzunehmen?‹ Klar, die Konkurrenz ist groß.

Wenn man einen Verlag gründet, dann braucht man Geld. Die Sache mit dem Verlag kostet im Voraus. Das muss man investieren. Man kann allerdings Bücher auch preiswerter anfertigen lassen, man kann Book-on-Demand machen, wo man erst mal nur zehn Bücher veröffentlicht. Wenn ich aber an ein Barsortiment herangehe, das sind die Zwischenhändler zwischen Verlag und Buchhandel, dann muss ich eben wissen, dass ich nur 50 Prozent des Verkaufspreises einnehme. Also das ist auch eine Sache der Kalkulation. Man kann einen Online-Handel aufmachen, man kann auch viel machen mit geringem Aufwand, man kann sich auch jemandem anschließen. Wenn man also zum Beispiel als Kommunikationstrainer anfängt, gibt es natürlich auch viele Unternehmungen, die Trainer vermitteln. Die nehmen dann natürlich vom Tagessatz einiges weg, ganz klar. Es gibt auch Krankenkassen, die zum Beispiel Trainer suchen im Stressmanagementbereich.

Das heißt, wenn man Lehrer ist und sagt: ›Ich habe jetzt irgendwie keine Lust mehr, ich kann nicht mehr, will aber nicht zu Hause sitzen im Vorruhestand und Däumchen drehen, sondern ich möchte noch etwas machen, denn ich kann dieses und kann jenes‹, muss man einfach anfangen. Ich muss für mich klären: ›Was kann ich, wofür kann ich Geld bekommen?‹ Vera Birkenbihl, das war die erfolgreichste Kommunikationstrainerin Deutschlands – sie ist im Dezember 2011 verstorben –, riet ihren Seminarteilnehmern immer: ›Guck, was du für Talente hast, und such dir Leute, die dafür bezahlen.‹ So einfach ist das.

Was ich heute manchmal vermisse, ist der Kontakt zu jungen Leuten, das muss ich wirklich sagen. Da ist man einfach sehr stark am Leben dran im Kontakt zu den Jungen. Ich habe selbst keine Kinder, und da haben die Schüler mir schon gefehlt, denn mit Erwachsenen ist es einfach anders. Schüler sind unvoreingenommener, sie sind direkter, meist ehrlicher und klarer. Wobei ich sagen muss, in der heutigen Zeit sind die Schüler schon auch anders als die Schüler, die ich noch intensiv in Erinnerung habe. Das ist sicherlich sehr viel schwieriger geworden. Ich finde es schon sehr traurig, was in der Schule heute stattfindet. Ich finde, Schule belastet die Lehrer unglaublich, schätzt die Lehrer nicht mehr, und das ist etwas, was Schule nicht gut tut.

Ich bin der Meinung, Schule hat immer etwas mit Beziehung zu tun, mit Menschlichkeit. Deshalb kann man Schule auch nicht vergleichen mit einem Unternehmen, und ich bin auch nicht der Meinung, dass man Schule in Konkurrenz zu anderen Schulen schicken sollte. Also entweder macht man gute Arbeit, und dann ist Schule konkurrenzlos. Das sollte an jeder Schule passieren, dass gute Arbeit gemacht wird von guten Lehrern, die gut ausgebildet sind und die Kinder mögen, und dann funktioniert Schule auch. Also von daher muss ich ehrlich sagen, in der heutigen Situation bin ich ganz froh, dass ich nicht mehr Lehrerin bin.«

↘ TEIL 2

Infos und Tipps

Gute Lehrer – schlechte Lehrer

»Einen [Lehrer] haben wir so fertiggemacht, der hat sein ganzes Gehalt zum Psychiater gebracht.«

Udo Lindenberg, »Da war so viel los«, 1979

»Zunächst einmal sollte nur jemand Lehrer werden, der sich für das Aufwachsen von Kindern wirklich interessiert und mit Kindern und Jugendlichen auch gerne zusammen ist.«

Loki Schmidt in »Mein Leben für die Schule«, 2005

Jeder, wirklich jeder weiß dazu etwas zu sagen: gute Lehrer, die einen inspiriert haben, bei denen man selbst in Zeiten noch etwas gelernt hat, in denen man sich für alles Mögliche interessierte, nur nicht für den Stoff, der im Unterricht behandelt wurde. Das sind Lehrerinnen und Lehrer – und das wird in allen Erfahrungsberichten wie auch in den erstaunlich wenigen wissenschaftlichen Untersuchungen zum Thema deutlich (Helmke 2010; Unruh 2011) –, vor denen man »irgendwie« Respekt hatte, die »irgendwie« streng waren, die sich auch in lauten Klassen und gegen freche Schülerinnen und Schüler durchsetzen konnten – die aber trotzdem nicht nur streng, sondern gleichzeitig »cool« waren, die sich nicht aufregten und aus der Ruhe bringen ließen, die schlagfertig waren und witzig sein konnten, und die richtig »Ahnung hatten« von den Themen, die sie unterrichteten. Lehrerinnen und Lehrer, die so »ticken«, verzeiht man ohne Weiteres auch gewisse Skurrilitäten, die legendäre Zerstreutheit des Chemielehrers beispielsweise, das extreme Öko-Outfit, die merkwürdigen Sprüche oder die uralte, abgewetzte Schultasche.

Häufiger aber fallen Menschen, wenn das Thema auf »Gute Lehrer – schlechte Lehrer« kommt, die schlechten Beispiele ein – aus eigener, manchmal lange zurückliegender Erfahrung und Erin-

nerung, oder aber die I
die eitlen und selbstv
man Angst hatte, od
rumbrüllten und S
als ob und in Wi
waren im Stoff,
ließen und An
schulradar.de
Eltern von il

igenen Ki
gen, vor den
r Unsicherheit
lie nur so taten
ei Seiten weiter
lles durchgehen
nternetforen wie
ne Schüler und
ise »hannes16«:

uns ein, keiner hat
mer, sind schon alle
das erlauben. Es ist
n. Aber unser Mathe-
t er uns nicht ausre-
r. Wir haben darüber
aber danach wurde es
tzt nimmt er uns erst

»Un
Re
la

fehl

(!!!) Spät
weil zu Hau
nfach nicht. P

t in Tests sehr eigen
allein methodisch nich
t Haakon immer. Man
ist, dass er denkt: ›Da
mehr bieten.
sich, dass sie für Na-
her Wert auf Mode.
Hausaufgabe vor,
oder irgendwelche
zung im Bereich
hon Mann-, äh:

nen und Lehrer, die
iert werden, einfach
sind durchaus enga-
chüler ernsthaft inte-
n wachsenden Anfor-
d Eltern, den oftmals
dendeputat – dem sich
er Bezüge entziehen, in-
und nicht zuletzt dem un-
ürokratie und deren immer
mit erheblicher, unbezahlter
Lehrer verbunden sind.
ll zwei Lehrer unter der Über-
Lehrer«. Maik Riecken schreibt in

ssiert, weil
miere, weil
recht.
Institut x
trazettel.

/2010/03/ich-bin-ein-schlechter-lehrer (Abruf

…e Schüler:
…etra hat AD(H)S. Sie kann s…
nur helfen, indem sie sich bev…
fällt. Petra kann dafür nichts.
Ulrich ist hochbegabt und ständ…
zornig, stört. Ulrich geht mich vo…
Constanze ist still. Constanze sch…
zum Unterricht jedoch nichts bei.…
lich ganz oft die Hausaufgaben nac…
Hussein kommt aus einem Hausha…
Frau nichts zählt. Meine Kolleginnen…
Chloé ist sozial hoch engagiert. Sie s…
ein, sagt mir, was aus ihrer Sicht schie…
ginnen und Kollegen, in der Klasse. Ihr…
Redetechnik. Da müsste man sie förder…
Petr kommt aus einem klischeehaften…
Er kann keinen guten Aufsatz schreiben,…
gesprochen wird. Viele Worte versteht er e…
dringend Deutschförderunterricht.
Haakon verhält sich unauffällig. Er entwicke…
dige, hochinteressante Lösungsansätze, die e…
sinnvoll zu Ende führt. Auf einen Dreier kom…
sieht ihm aber an, dass er damit nicht zufriede…
muss doch noch mehr sein!‹. Man müsste ihm…
Martina ist ein hübsches Mädchen. Sie sagt von…
turwissenschaften eh zu dumm ist. Martina legt…
Martina glaubt nicht an sich. Martina liest kein…
ohne vorher zu betonen, dass ihr Text schlecht ist…
Macken hat. Martina braucht dringend Unterstüt…
Selbstbehauptung – vielleicht hilft Martina auch s…
Frauschaftssport.
Georginas Eltern haben sich kürzlich scheiden lassen.…
Cynthia war lange krank.

Die Eltern:
Petras Mutter hält mich für unpädagogisch, für uninter…
ich mich nicht genug über die Problematik AD(H)S infor…
ich nicht genug auf ihre Tochter eingehe. Petras Mutter hat…
Ulrichs Vater hält mir immer wieder die Testergebnisse von…
unter die Nase. Sein Sohn brauche Extraförderung, nicht Ex…
Er hat recht.

Constanzes Mutter verspricht mir, dass sie mit ihrer Tochter reden wird. Ich weiß, dass ich Constanze für etwas ›bestrafe‹, was Constanze nun einmal ist: still. Constanze ist schon in Ordnung. Das System ist für Constanze irgendwie doof.
Husseins Vater ist bei mir lammfromm. Hussein ist bei mir im Mündlichen passabel und ich bin schließlich ein Mann. Außerdem bekomme ich schon mit, dass Hussein viel Unsinn macht, und leite auch pädagogische und Ordnungsmaßnahmen ein.
Chloés Mutter sagt mir, dass sich ihre Tochter ritzt und deswegen immer, auch im Sommer, Langarmshirts trägt. Passt irgendwie zu Chloé.
Petrs Eltern sind freundlich, aber ich habe nicht den Eindruck, dass sie mich gut verstehen.
Haakons Eltern kümmern sich eigentlich nicht um die Schule. Haakon hat ja durchschnittliche Zeugnisse.
Martina sei zu Hause immer ganz anders. Jungs seien weit weit weg. Ich zeige ihnen die Profilseite ihrer Tochter auf Facebook.
Georginas Mutter bittet mich um besondere Rücksicht. Die Klasse vergleicht intern die mündlichen Noten und fordert ein. Sie wissen ja nichts.
Cynthia müsste nun aber jeden Tag Extraaufgaben bekommen.

Ich bin ein schlechter Lehrer, weil ...
... ich aus einer Fortbildung weiß, dass Petra mindestens einen Rückzugsraum benötigt und besonderer Aufmerksamkeit im Unterrichtsprozess bedarf. Ich habe bisher nicht einmal um einen Extraraum und die Betreuung dazu gekämpft (das wäre natürlich im Team leichter), und ich habe noch immer Schwierigkeiten damit, dass 10 Prozent Aufmerksamkeit auf ein Kind gerichtet bedeutet, dass ich die Zeit anderen entziehen muss. Mal eine Rechnung: In einer 30er-Klasse bleiben in 90 Minuten für jedes Kind in der Realität vollkommen utopische drei Minuten. 10 Prozent = neun Minuten für ein Kind bedeuten eine Kürzung der Aufmerksamkeitszeit für jedes andere Kind im zweistelligen Prozentbereich.
... ich aus einer Fortbildung weiß, dass Ulrich ganz besondere, neue Aufgabenformen benötigt, die klassische Bücher so nicht hergeben. Die Entwicklungszeit ginge dann von Unterrichtsvorbereitungs- und Korrekturzeit ab. Wenn ich da mehr für Ulli und Petra tue, steigen mir die Eltern von 25 anderen aufs Dach und wollen auch.
... ich nicht einfach mehr ›sonstige Angebote‹ für Constanze mache (Tests, Hausaufgaben einsammeln).

... ich noch keine Zeit für eine Fortbildung zu den besonderen Herausforderungen des multikulturellen Lernens gefunden habe, um Hussein und seiner Familie gerecht werden zu können Ich lese zurzeit in jeder freien Minute über Hochbegabung, Medien im Unterricht und AD(H)S).

... mich die Ursache von Chloés innerem Schmerz, den sie durch äußere Verletzung ihrer selbst nach außen trägt, eigentlich gar nichts angeht, weil es wahrscheinlich eher nichts mit der Schule zu tun hat.

... ich hilflos zusehen muss, wie Petr trotz des immensen naturwissenschaftlichen Potenzials wahrscheinlich eine ganz normale Lehre anfängt, früh heiratet und Kinder bekommt. Vielleicht bin ich hinsichtlich meiner Ideale auch verbohrt und Petr wird so glücklich.

... ich mich nicht tiefer in Haakons neue Lösungsstrategien eindenke, um zu verstehen, wo der Lernwiderstand liegt.

... mir Martina immer fremder wird.

... ich weiß, dass Georgina dieses Jahr nicht schaffen wird.

... ich weiß, dass das auch für Cynthia gilt.

Und in ihrem Blog »gestreift – berührt – geteilt«[6] schreibt »Rebis«:

»Ich bin eine schlechte Lehrerin.

Zu Zeiten, als ich mich noch verteidigte – gegen die Allseits-Vorwürfe meiner Faulheit und meiner vielen Ferien –, da ergab sich ein Gespräch mit einer Bekannten, einer Erstklässler-Mutter, über Lehrers Arbeitsbelastung. Ich erklärte, dass ich bei halber Stelle allein 20 Stunden pro Woche in der Schule verbringe. ›Dreiviertelstunden!‹, belehrte sie mich. Stimmt. Hatte ich ganz vergessen.

Heute bin ich still. Sage ›Ja, hast recht.‹ Das wirkt.

Wünsche mir, dass ich Kräfte nicht auch noch an Elternfronten verbrauchen muss. Wenn ich angegangen werde und mich in langen Gesprächen, Telefonaten, E-Mails erklären muss. Wissend, dass die Eltern recht haben, eigentlich. Und ich auch, eigentlich. Dass wir hier zwischen uns ausfechten müssen, wofür beide Seiten nichts können. Manchmal gelingt der Dialog, dann fühlt sich das Dilemma ein wenig leichter an.

Manchmal gelingt der Dialog nicht. Anwälte werden eingeschaltet. (Unsere Gegend hier ist speziell ...) Folge-Kraftverbrauch: Lückenlose Dokumentation von allem, was passiert, ist gefragt. Das Verwaltungs-

6 http://gestreift-beruehrt-geteilt.blogspot.de/2010/03/ich-bin-eine-schlechte-lehrerin.html (Abruf 30.3.2012)

gericht ist unerbittlich. Wir sind an unserer Schule gebrannte Kinder. Also: BriefimUnterrichtgeschrieben – zuspätnachderPause – HausaufgabeNummer5avergessen – sichimTonvergriffen – Mitarbeitverweigert – Schulgeländeverlassen; Datum, Uhrzeit, Zeugen. Das Ganze mal 142 (oder 120). Ein Buchhalterjob, nicht spaßig, Zeitfresserding.

Und ich dazwischen?
Merke, wie eine Erschöpfungsschlinge um mich herum ausgelegt ist.
Von allen Seiten kommt es näher.
Mein eigenes Befinden, letzten Sommer, das war arg.
Und dann ein lieber Kollege, niemand hätte es gedacht.
Neulich wieder Schüler über eine Kollegin, immer öfter krank, nun dauerhaft: ›Die hat keine Lust mehr.‹ – Ich bin aus der Haut gefahren, vor den Schülern. Wie sonst selten, aber das hatte mich getroffen. Erklären konnte und wollte ich es nicht. Wie sollen die Kinder das auch verstehen?

Das Thema treibt mich um.
Ich muss vieles lernen, will ich nicht, dass die Schlinge sich enger zuzieht.
Neins lernen, vor allem das. Beginne mit kleinen Neins im Schulalltag.
Sensibel in mich horchen, ob und wann vielleicht größere Neins vonnöten sind.
Mir nicht 142 Paar Schuhe anziehen wollen (passen ja eh nicht auf zwei Füße),
Fein spüren, wenn es enger, wenn es eng wird.
Dann ehrlich sein: mit mir und der Welt.
Ich werde üben.«

Aber dann gibt es natürlich auch schlechte Lehrerinnen und Lehrer – Lehrer, die unter ihren Schülern leiden; Lehrer, unter denen die Schüler leiden; Lehrer, unter denen Kollegen und Schulleitungen leiden, weil immer wieder Beschwerden kommen, weil immer wieder neu Vertretungsunterricht organisiert und gehalten werden muss.

Lehrer, die selbst leiden unter einer falschen Berufswahl – ja, es gibt sie, die Lehrerinnen und Lehrer, die als Studenten und Referendare irgendwie durchgerutscht sind, weil sich Ausbilder, Mentoren und Seminarleiter nicht getraut haben, deutlich zu sagen, dass der Lehrerberuf falsch ist für diese Person, weil sie nett sein und keine Steine in den Weg legen wollten, weil sie meinten, das würde sich schon »zurechtwachsen«.

Es gibt sie, die Lehrerinnen und Lehrer, die trotz schlechten Examens »reingekommen« sind, weil gerade Bedarf war, verbeamtet auf Lebenszeit, an denen dann später Schüler, Eltern und Kollegen verzweifeln – und die letztlich an sich selbst verzweifeln und doch den Absprung und Ausstieg nicht schaffen mangels Alternativen, das warme Bett des Lebenszeitbeamten zu verlassen, die aber auch wissen, dass es außer ermahnenden Worten oder Klärungsgesprächen so gut wie keine ernsthaften Sanktionsmöglichkeiten für Schulleitungen und Schulbehörden gibt.

Der ehemalige Lehrer, Schulleiter und Schulrat Gerhard Sennlaub beschreibt diese Situation aus Sicht eines Schulleiters:[7]

> »Ein Kollege stand zur Festanstellung an. Ich besuchte ihn einmal, zweimal, dreimal. Da wusste ich: Dieser Mann sollte nicht an Kinder gebunden werden. Seine Anstellung würde ›auf Lebenszeit‹ gelten, und es bestand die Gefahr, dass die Folgen für manche Kinder lebenslänglich sein würden. Kinder waren ihm nicht nur gleichgültig, sondern demonstrativ lästig, anscheinend sogar unsympathisch, und sein gesamter Unterricht erschien als ein nur mit Mühe unterdrückter Widerwille gegen elementarste pädagogische Pflichten.
>
> Ich haderte mit meinem Schicksal. Schon für sein erstes Examen hatte der Mann zwei Anläufe gebraucht. Beim zweiten Mal hatte man ihn durch die Tür geschubst. Im Seminar war seine Untauglichkeit offenbar geworden, aber seine Ausbilder hatten sich gegenseitig blockiert. Da durfte er auch durch diese Pforte taumeln – wieder beim zweiten Versuch.
>
> Ein untaugliches System und die Feigheit der Instanzen hatten ihm erlaubt, acht Jahre seines Lebens mit der Ausbildung zum Lehrer zu verbringen. Nun stand er vor der letzten Tür und begehrte Einlass.
>
> Ich beriet mich mit meinen Kollegen im Schulamt und schob die Entscheidung hinaus. Acht Jahre eines Lebens! Ich versetzte ihn an eine andere Schule, versicherte dem Schulleiter, ihn nicht auf seine Stellen anzurechnen, und gab ihn einem Kollegen und einer Kollegin dieser Schule in Obhut: ›Seht zu, dass er sich so gut wie möglich entwickelt.

7 http://gerhardsennlaub.de/kolumnen/45-schlechte-lehrer (Abruf 30.3.2012)

Gebt ihm lauter kleine Aufgaben, beratet ihn dabei, weckt sein Interesse, helft ihm, macht ihm Mut. Und sagt mir nach einem halben Jahr Bescheid.‹

Sie brauchten keine drei Monate: ›Es geht wirklich nicht. Der will auch gar nicht.‹

Da verriegelte ich vor ihm die letzte Tür. Eine Katastrophe. Aber ich hatte nur eine Wahl: der Lehrer oder die Kinder. Er habe sich zuerst um seine Bande zu kümmern, sagt Hemingways Pablo, als er fremde Helfer erschossen hat, um seinen Leuten ihre Pferde zu verschaffen: ›One cannot do what one would wish.‹

Entlassen konnte ihn nur der Regierungspräsident. Dessen Leute kamen mit großem Orchester. Und entließen ihn. Er klagte. Wir mussten einen höheren Tausenderbetrag zahlen und ihm ein vom Gericht vorformuliertes freundliches Zeugnis ausstellen. Damit ging er. Zum Abschluss von acht Jahren seines Lebens. Danach habe ich mich betrunken.

Im selben Jahr erlebte ich an einer anderen Schule eine Elternrebellion gegen eine Klassenlehrerin. Zweimal besuchte ich die Kollegin in ihrem Zweiten. An der mechanischen Korrektheit von Unterricht und Amtsführung war nichts Gewichtiges zu beanstanden. Aber um sie war eine Aura der Eiseskälte. Nicht die geringste emotionale Beziehung zwischen Lehrerin und Kindern war zu erkennen. Die Kleinen hatten Angst. Ich redete mit ihr und verstand: Die ist, wie sie ist. Was ihr vorgeworfen wird, trifft sie nicht, weil sie es nicht versteht und also nicht ändern kann. Sie kann nichts dafür, und die Eltern haben recht. Das Problem war nicht zu lösen. Gib ihr eine andere Klasse, dann werden andere Kinder geschädigt. Setze sie auf lauter Fachunterricht, und du ziehst ihr den verschlissenen Teppich unter ihren Füßen weg – mit der Folge, dass noch mehr Kinder leiden. Zum Schuljahresende versetzte ich die Frau, nachdem ich mich mit dem neuen Schulleiter und dem Vorsitzenden des Personalrats beredet hatte. Zwei Jahre später habe ich sie abermals versetzt. Es gibt wohl Lehrer, die kann man einer Schule auf Dauer einfach nicht zumuten. Deren einziger Fehler ist: Lehrer geworden zu sein. Ist so einer erst mal auf Lebenszeit Beamter, kann man nur noch die Last verteilen. ›Dann‹, sagt Bernhard Bueb, ›treibt er aber woanders sein Unwesen. Das ist ein Systemfehler erster Klasse.‹ «

Wie lassen sich solche Fehlentscheidungen verhindern? Zum einen braucht es Menschen, die zukünftige Lehrerinnen und Lehrer in ihrer Ausbildung begleiten, die, nicht zuletzt aufgrund langjähriger Erfahrung, jenseits aller messbaren Beobachtungskriterien und Kompetenzraster ein Gespür dafür besitzen, dass da etwas nicht stimmt – mit der Person und ihrer Art, mit anderen Menschen, ganz besonders mit Kindern und Jugendlichen in Kontakt zu treten. Ist diese Person jemand, wie Loki Schmidt sagt, die »sich für das Aufwachsen von Kindern wirklich interessiert und mit Kindern und Jugendlichen auch gerne zusammen ist«? Oder ist dieses Interesse aufgesetzt? Wie zeigt sich dieses Interesse? Wie gut gelingt es der Person, wirklich in Kontakt zu treten – mit anderen Menschen und ganz besonders mit Kindern und Jugendlichen? Oder ist da eher Distanz spürbar, Desinteresse an den Menschen oder vielleicht sogar Angst? Denn wenn es auf dieser Ebene nicht stimmt, nützt auch die ausgefeilteste Anwendung didaktisch-methodischen Know-hows nichts.

Da dies aber Fragen der Persönlichkeit berührt, ist es viel schwerer lern- und umsetzbar als Methoden der Unterrichtsgestaltung. Und es braucht Ausbildungsbegleiter, Professoren, Mentoren, Anleiter, Seminarleiter, die solche Fragen offen, direkt und einfühlsam ansprechen und die bereit sind, auch deutlich kritische Fragen zu stellen: Ist das wirklich der richtige Beruf für dich?

Unterstützend und begleitend gibt es heute für potenzielle Lehramtskandidaten mehrere Verfahren, sich per »Self-Assessment« selbst zu befragen und die Eignung für den Lehrerberuf anhand von Fragebögen einzuschätzen. Bemerkenswert ist, dass alle Self-Assessments sehr stark auf Persönlichkeitsmerkmale abheben, wie beispielsweise Humor, Frustrationstoleranz oder Sicherheit im öffentlichen Auftreten.

Self-Assessments für Lehramtskandidaten

Auf der Website »*Career Counseling for Teachers – Laufbahnberatung für Lehrerinnen und Lehrer*« (*www.cct-germany.de*) finden sich zahlreiche Informationen und Selbsttests, mit deren Hilfe man die Eignung für den Lehrerberuf überprüfen kann. In mehreren Bundesländern wird mit den dort veröffentlichten Instrumenten gearbeitet. In Hamburg beispielsweise müssen Lehramtsstudierende den Selbsttest verpflichtend vor Beginn ihres Studiums bearbeiten. Im Laufe des Studiums werden ihnen dann weitere Unterstützungsangebote auf der Basis eines Self-Assessements gemacht, um erkannte Defizite konstruktiv zu bearbeiten (siehe *www.zlh-hamburg.de/projekte/self-assessment*).

Das zentrale Instrument dazu ist das Selbsterkundungsverfahren »Fit für den Lehrerberuf« für Interessenten am Lehramtsstudium. Es basiert auf der Potsdamer Lehrerstudie: Unter der Leitung von Prof. Dr. Uwe Schaarschmidt wurde von 2000 bis 2006 die berufliche Belastungssituation von Lehrerinnen und Lehrern untersucht (Schaarschmidt 2005; Schaarschmidt/Kieschke 2007). Das Forschungsteam befragte rund 18.000 Lehrkräfte, Referendare und Lehramtsstudierende. Das Ergebnis zeigt eine Berufsgruppe, die unter hohem Druck steht: 31 Prozent der Lehrerinnen und Lehrer neigen zu regelmäßiger Selbstüberforderung; 29 Prozent sind resigniert und zeigen ein reduziertes Arbeitsengagement; 23 Prozent nehmen eine Schonhaltung ein, um sich vor übermäßigen Anforderungen zu schützen; und nur bei 17 Prozent geht hohes berufliches Engagement mit ausgeprägter Widerstandsfähigkeit gegenüber Belastungen einher.

Auch bei separater Betrachtung der Lehramtsstudierenden fanden die Potsdamer Forscher vergleichbare Risikomuster: Rund 25 Prozent haben mit Resignation und Erschöpfung zu kämpfen; fast 15 Prozent neigen zu Selbstüberforderung; rund 30 Prozent nehmen eine Schonhaltung ein, bei der das Leistungspotenzial nicht voll ausgeschöpft wird.

Kriterien für die Selbsterkundung nach der Potsdamer Lehrerstudie

Interessenten für den Lehrerberuf können sich anhand des Fragebogens »Fit für den Lehrerberuf« nach folgenden 21 Kriterien hinsichtlich ihrer möglichen Eignung oder Nichteignung für den Beruf einschätzen und von anderen einschätzen lassen – von »trifft auf mich in hohem Maße zu« (++) bis »trifft auf mich überhaupt nicht zu« (– –). Eine detailliertere Online-Version samt Auswertung ist unter *www.vbe.de/angebote/potsdamer-lehrerstudie/fit-fuer-den-lehrerberuf.html* zu finden.

	++	+	+/–	–	– –
1. Freude am Umgang mit Kindern und Jugendlichen – auch außerhalb des Klassenzimmers	❑	❑	❑	❑	❑
2. Fähigkeit zur offensiven Verarbeitung von Misserfolgen	❑	❑	❑	❑	❑
3. Verantwortungsbereitschaft	❑	❑	❑	❑	❑
4. Humor	❑	❑	❑	❑	❑
5. Frustrationstoleranz/dickes Fell	❑	❑	❑	❑	❑
6. Wissens- und Informationsbedürfnis/Neugier und Lernbereitschaft in vielen Bereichen	❑	❑	❑	❑	❑
7. Kräftige und ausdauernde Stimme	❑	❑	❑	❑	❑
8. Durchsetzungsfähigkeit in sozialkommunikativen Situationen	❑	❑	❑	❑	❑
9. Flexibilität und Improvisationstalent	❑	❑	❑	❑	❑
10. Soziale Sensibilität für Probleme und Bedürfnisse anderer Menschen	❑	❑	❑	❑	❑
11. Anstrengungs- und Entbehrungsbereitschaft	❑	❑	❑	❑	❑

	++	+	+/–	–	– –
12. Didaktisches Geschick (Freude am Unterrichten und Talent dafür)	❑	❑	❑	❑	❑
13. Sicherheit im öffentlichen Auftreten	❑	❑	❑	❑	❑
14. Erholungs- und Entspannungsfähigkeit	❑	❑	❑	❑	❑
15. Ausdrucksfähigkeit/Sprachgewandtheit	❑	❑	❑	❑	❑
16. Stabilität bei emotionalen Belastungen	❑	❑	❑	❑	❑
17. Begeisterungsfähigkeit	❑	❑	❑	❑	❑
18. Freundlichkeit und Barmherzigkeit	❑	❑	❑	❑	❑
19. Fähigkeit zum rationellen Arbeiten	❑	❑	❑	❑	❑
20. Stressresistenz	❑	❑	❑	❑	❑
21. Beruflicher Idealismus	❑	❑	❑	❑	❑

CCT-Interessenfragebogen: Was Lehrer tun – ist das für Sie attraktiv?

Vieles von dem, was Lehrerinnen und Lehrer tun, ist Studieninteressierten bestens vertraut – schließlich hatten sie viele Jahre lang Gelegenheit, diesen Beruf aus der Schülerperspektive kennenzulernen. Manche Bereiche der Lehrerarbeit spielen sich freilich für Schülerinnen und Schüler mehr oder weniger »unsichtbar« ab bzw. fallen erst auf, wenn man das Augenmerk bewusst darauf richtet.

In der folgenden Liste sind in zufälliger Abfolge verschiedene Aufgaben angeführt, wie sie für den Lehrerberuf charakteristisch sind. Mithilfe der Liste lässt sich das persönliche Bild vom Lehrerberuf abrunden und das Interesse an diesen Fähigkeiten klären. Die Online-Auswertung unter *www.cct-germany.de/de/0/tests/lis/1*

bietet eine übersichtliche Zusammenfassung dieser Tätigkeiten und des festgestellten Interesses daran (Legende: –– = sehr ungern, – = ungern, –/+ = weder ungern noch gern, + = gern, ++ = sehr gern).

Stellen Sie sich vor, Sie sind Lehrer/in: Wie gern führen Sie vermutlich folgende Tätigkeiten aus?	––	–	–/+	+	++
1. den Schüler/innen einen Sachverhalt erklären	❑	❑	❑	❑	❑
2. Konflikte zwischen den Schüler/innen zu klären versuchen	❑	❑	❑	❑	❑
3. Fachliteratur zu meinen Gegenständen lesen	❑	❑	❑	❑	❑
4. bei einem Elternabend über mögliche Bildungswege informieren	❑	❑	❑	❑	❑
5. überprüfen, was die Schüler/innen können	❑	❑	❑	❑	❑
6. neue Schüler/innen in die Klasse integrieren	❑	❑	❑	❑	❑
7. Schüler/innen bei Einzelarbeiten betreuen	❑	❑	❑	❑	❑
8. mit den Schüler/innen einen Ausflug machen	❑	❑	❑	❑	❑
9. bei beruflichen Schwierigkeiten mit Kolleg/innen reden	❑	❑	❑	❑	❑
10. Anschauungsmaterial für den Unterricht besorgen	❑	❑	❑	❑	❑
11. neue Unterrichtsmethoden erlernen	❑	❑	❑	❑	❑
12. Schüler/innen mit und ohne Behinderungen gemeinsam unterrichten	❑	❑	❑	❑	❑
13. Übungsaufgaben ausdenken	❑	❑	❑	❑	❑
14. mich in der Pause mit Schüler/innen unterhalten	❑	❑	❑	❑	❑
15. Hefte korrigieren	❑	❑	❑	❑	❑
16. Eltern in den Unterricht einbeziehen	❑	❑	❑	❑	❑

Stellen Sie sich vor, Sie sind Lehrer/in: Wie gern führen Sie vermutlich folgende Tätigkeiten aus?	––	–	–/+	+	++
17. an kulturellen Aktivitäten teilnehmen	❑	❑	❑	❑	❑
18. darauf achten, dass möglichst alle Schüler/innen mitarbeiten	❑	❑	❑	❑	❑
19. mich in Problemschüler/innen hineinversetzen	❑	❑	❑	❑	❑
20. komplexe Themen für Schüler/innen verständlich aufbereiten	❑	❑	❑	❑	❑
21. die Schüler/innen bei der Gestaltung des Unterrichts mitentscheiden lassen	❑	❑	❑	❑	❑
22. mit der Schulleitung und den Kolleg/innen die Schule weiterentwickeln	❑	❑	❑	❑	❑
23. Gruppenarbeiten organisieren	❑	❑	❑	❑	❑
24. mit lernschwachen Schüler/innen spezielle Übungen durchführen	❑	❑	❑	❑	❑
25. pädagogische Fortbildungskurse besuchen	❑	❑	❑	❑	❑
26. die Leistungen der Schüler/innen beurteilen	❑	❑	❑	❑	❑
27. mit Eltern Erziehungsfragen besprechen	❑	❑	❑	❑	❑
28. abwechslungsreiche Unterrichtsstunden entwerfen	❑	❑	❑	❑	❑
29. mich über das Weltgeschehen auf dem Laufenden halten	❑	❑	❑	❑	❑
30. Spiele und Übungen zum sozialen Lernen durchführen	❑	❑	❑	❑	❑
31. begabten Schüler/innen zusätzliche Anregungen vermitteln	❑	❑	❑	❑	❑
32. die Schüler/innen dazu bringen, dass sie die Schulordnung einhalten	❑	❑	❑	❑	❑
33. weiter zurückliegende Stoffgebiete wiederholen	❑	❑	❑	❑	❑

Welche Alternativen gibt es?

Hier eine Übersicht über grundsätzlich geeignete alternative Berufsfelder und mögliche Anlaufstellen (Kontaktadressen) im Internet.[8]

Nachhilfelehrer

→ Studienkreis GmbH: *www.nachhilfe.de*
→ VNN – Bundesverband der Nachhilfe- und Nachmittagsschulen e. V.: *www.nachhilfeschulen.org*

Bildungsreferent

Bildungsreferenten entwickeln bedarfsgerechte Bildungskonzepte und Weiterbildungsprogramme, die sie anschließend in die Praxis umsetzen. Im Rahmen ihrer pädagogischen Tätigkeit bereiten sie Seminare vor, erarbeiten didaktische Konzepte, wählen geeignete Unterrichtsmedien und -methoden aus und führen Lehrveranstaltungen selbst durch. Darüber hinaus übernehmen sie Aufgaben im Marketing und in der Organisation des Lehrbetriebs bei Bildungseinrichtungen. Als Teletutor bzw. Telecoach planen und entwickeln sie Angebote für den E-Learning-Bereich und führen diese durch. Sie betreuen die Teilnehmer sowohl einzeln – z. B. beantworten sie Fragen und kontrollieren Aufgaben – als auch in der Gruppe, etwa in Form von internetbasiertem Fernunterricht oder bei begleitenden Präsenzveranstaltungen.

→ Deutsches Institut für Erwachsenenbildung (DIE): *www.die-bonn.de*
→ DVWO Dachverband der Weiterbildungsorganisationen e. V.: *www.dvwo.de*

8 gekürzte Übersicht nach: Agentur für Arbeit Kiel (2012)

- → Wuppertaler Kreis e. V., Bundesverband betriebliche Weiterbildung: *www.wkr-ev.de*

Erwachsenenbildung

- → Bundesweites Verzeichnis aller Volkshochschulen: *www.vhs.de*
- → Bundesarbeitsgemeinschaft Evangelischer Familien-Bildungsstätten e. V. (BAG): *www.familienbildung-ev-bag.de*
- → Deutsches Erwachsenen-Bildungswerk e. V. (DEB): *www.deb.de*
- → Deutsches Institut für Erwachsenenbildung (DIE): *www.die-bonn.de*
- → BBB Bundesverband der Träger beruflicher Bildung (Bildungsverband) e. V.: *www.bildungsverband.info*

In der Datenbank »Kursnet« (*http://kursnet-finden.arbeitsagentur.de/kurs/*) kann man sich über die Inhalte der Weiterbildungskurse und Bildungsträger informieren, die Weiterbildungen anbieten.

Erziehungsberater

- → Arbeitsgemeinschaft für Kinder- und Jugendhilfe (AGJ): *www.agj.de*
- → AWO Arbeiterwohlfahrt Bundesverband e. V.: *www.awo.org*
- → Bundesarbeitsgemeinschaft der Freien Wohlfahrtspflege e. V. (BAGFW): *www.bagfw.de*
- → Bundesarbeitsgemeinschaft Evangelische Jugendsozialarbeit (BAG EJSA): *www.bagejsa.de*
- → Bundesarbeitsgemeinschaft Katholische Jugendsozialarbeit e. V. (BAG KJS): *www.bagkjs.de*
- → Bundesverband für Erziehungshilfe e. V. (AFET): *www.afet-ev.de*
- → Bundesverband katholischer Einrichtungen und Dienste der Erziehungshilfen e. V.: *www.bvke.de*
- → Bundesverband privater Anbieter sozialer Dienste e. V. (bpa): *www.bpa.de*

- → Deutsche Gesellschaft für Soziale Arbeit e. V.: *www.dgsainfo.de*
- → Deutscher Berufsverband für Soziale Arbeit e. V. (DBSH): *www.dbsh.de*
- → Institut für soziale Arbeit e. V. (ISA): *http://dnn.iucon.biz*
- → Kooperationsverbund Jugendsozialarbeit: *www.jugendsozialarbeit.de*
- → pro familia Deutsche Gesellschaft für Familienplanung, Sexualpädagogik und Sexualberatung e. V.: *www.profamilia.de*

Arbeitsvermittler

- → Bundesverband Zeitarbeit Personal-Dienstleistungen e. V. (BZA): *www.bza.de*
- → iGZ Interessenverband Deutscher Zeitarbeitsunternehmen e. V.: *www.ig-zeitarbeit.de*
- → Bundesagentur für Arbeit: *www.arbeitsagentur.de*

Personalberater/Recruiter

Personalberater übernehmen im Auftrag eines Unternehmens die Suche nach Arbeitskräften. Sie analysieren die zu besetzende Stelle, erarbeiten ein fachliches und persönliches Anforderungsprofil für die jeweilige Position und erstellen daraus ein Bewerberprofil. Auf dieser Grundlage gestalten sie Anzeigen und platzieren sie in der regionalen oder überregionalen Presse oder in anderen geeigneten Medien. Um ihrem Auftraggeber Empfehlungen aussprechen zu können, führen sie erste Auswahlgespräche mit den Bewerbern.

- → Bundesverband deutscher Unternehmensberater e. V. (BDU): *www.bdu.de*
- → Bundesverband Personalvermittlung e. V. (BPV): *www.bpv-info.de*
- → Deutsche Gesellschaft für Personalwesen e. V. (DGP): *www.dgp.de*

- → Deutsche Gesellschaft für Personalführung e. V. (DGFP): *www.dgfp.de*

Personaldisponent/Personalvermittler

Personaldisponenten agieren als Vermittler zwischen Unternehmen mit akutem Personalbedarf und Arbeitsuchenden. Um geeignete Mitarbeiter auszuwählen, prüfen sie die Anforderungen des jeweiligen Betriebs und vergleichen diese mit den Unterlagen von Bewerbern. Für das Unternehmen, das meist kurzfristig und für eine begrenzte Zeit Mitarbeiter sucht, treffen sie eine Vorauswahl und bieten Arbeitskräfte entsprechend der jeweils geforderten Qualifikationsprofile an.

- → Bundesverband Personalvermittlung e. V. (BPV): *www.bpv-info.de*
- → Bundesverband Zeitarbeit Personal-Dienstleistungen e.V (BZA): *www.bza.de*
- → Interessensverband Deutscher Zeitarbeitsunternehmen e. V. (IGZ): *www.ig-zeitarbeit.de*
- → Bundesarbeitgeberverband der Personaldienstleister e. V. (BAP): *www.personaldienstleister.de*

Betriebliche Weiterbildung/Bildungsträger

- → Portal: *www.weiterbildung.de*
- → Fortbildungsakademie der Wirtschaft (FAW): *www.faw.de*
- → Deutsche Angestellten-Akademie (DAA): *www.daa.de*
- → Berufsfortbildungswerk, Gemeinnützige Bildungseinrichtung des DGB (bfw): *www.bfw.de*
- → Grone Schulen: *www.grone.de*
- → Kuratorium der Deutschen Wirtschaft für Berufsbildung (KWB): *www.kwb-berufsbildung.de*
- → Berufsverband der Verkaufsförderer und Trainer: *www.bdvt.de*

Bibliothekar

- → Berufsverband Information Bibliothek e. V. (BIB): *www.bib-info.de*
- → Bibliothek & Information Deutschland (BID): *www.bideutschland.de*
- → Deutsche Gesellschaft für Informationswissenschaft und Informationspraxis e. V. (DGI): *www.dgi-info.de*
- → Deutscher Bibliotheksverband (dbv): *www.bibliotheksverband.de*
- → Verein Deutscher Bibliothekare e. V. (VDB): *www.vdb-online.org*

Dokumentar/Informations-Broker

Dokumentare recherchieren Informationen und nutzen dazu die jeweils am besten geeigneten Informationsquellen. Dokumente erschließen sie inhaltlich und formal, indem sie Thesauri und Klassifikationen aufbauen, aktuell halten und den jeweiligen Anforderungen entsprechend modifizieren. Sie pflegen außerdem den Informationsbestand aus konventionellen sowie elektronischen Medien und entwerfen und konzipieren elektronische Informationssysteme, die eine kostengünstige und leistungsfähige Informationsversorgung gewährleisten.

Auch die Vermarktung der Produkte bzw. Dienstleistungen und die Förderung der Informationsbereitschaft im Unternehmen durch ein gezieltes Informationsmanagement gehören zu ihren Aufgaben. Wissenschaftliche Dokumentare übernehmen ferner Beratungs- und Recherchetätigkeiten bezüglich wissenschaftlicher Fragestellungen und erschließen komplexe Fachpublikationen.

- → Berufsverband Information Bibliothek e. V. (BIB): *www.bib-info.de*
- → Deutsche Gesellschaft für Informationswissenschaft und Informationspraxis e. V. (DGI): *www.dgi-info.de*
- → VOI – Verband Organisations- und Informationssysteme e. V.: *www.voi.de*

Kulturmanager/Musikmanager/Eventmanager

Kulturmanager erstellen kulturelle Konzepte und organisieren kulturelle Angebote und Freizeitprogramme. Sie versuchen einerseits, die Angebote inhaltlich zu optimieren, haben deren gesellschaftliche Akzeptanz und Attraktivität im Blick, achten jedoch genauso konsequent auf deren Machbarkeit und Finanzierbarkeit sowie auf wirtschaftliche Rahmenbedingungen. Sie analysieren den Kulturmarkt, entwickeln und präsentieren Veranstaltungskonzepte und -programme, organisieren Kultur- und Freizeitveranstaltungen, akquirieren Fördermittel, verhandeln mit Kunden und Sponsoren und holen Angebote ein. Sie erstellen die Budgetplanung, erarbeiten Werbemittel und kümmern sich um Räume und benötigtes Equipment. Auch haben sie die Aufgabe, Künstler zu unterstützen. Außerdem sind sie Ansprechpartner für Kunden und alle externen Dienstleister. Sie übernehmen die Mitarbeiterführung in Kulturbetrieben wie Bühnen, Galerien und Museen sowie die Geschäftsführung in kulturellen Einrichtungen oder auch im Freizeit- und Wellness-Bereich. Öffentlichkeitsarbeit und Kulturmarketing können ebenso in ihr Tätigkeitsgebiet fallen wie die Konzeption und Gestaltung von Websites oder die Koordinierung vernetzter Buchungssysteme für Bühnen-, Konzert- und Freizeitprogramme, Lesungen sowie für andere Kulturveranstaltungen. Darüber hinaus können sie in der Kultur- und Freizeitpädagogik arbeiten, wo sie beispielsweise kreative und künstlerische Kurse anbieten oder Führungen durch Ausstellungen, Museen o. Ä. ausarbeiten und durchführen.

Musikmanager befassen sich mit der Vermittlung und Vermarktung von Musik in der Öffentlichkeit. Sie planen und organisieren musikalische Veranstaltungen, wie Konzerte, Festivals oder Aufführungen in Theater-, Opern- und Schauspielhäusern, und betreuen Musikproduktionen. Sie führen z. B. Vertragsverhandlungen und schließen Verträge ab, erstellen die Programme und Spielpläne, organisieren Marketing- und Werbemaßnahmen sowie Öffentlichkeitsarbeit.

Eventmanager analysieren den Veranstaltungsmarkt, entwickeln und präsentieren Veranstaltungskonzepte und verhandeln mit Kunden. Dabei bilden sie gegebenenfalls die Schnittstelle zwischen Auftraggebern, Veranstaltern und Agenturen. Sie pflegen Kontakte zu potenziellen Geschäftspartnern und bauen Netzwerke und Kontaktdateien auf, denn sie suchen für ihre Veranstaltungen laufend nach attraktiven Veranstaltungsräumen, technischem Equipment und sonstigen Ausstattungsgegenständen. Sie benötigen Künstler, technisches und sonstiges Personal sowie Dienstleistungsunternehmen wie Catering- oder Logistikfirmen. Liegt ihr Schwerpunkt im Bereich Marketing, entwickeln sie eventbetonte Marketingkampagnen, entwerfen Werbemittel und Präsentationsformen für Produkte oder betreuen die Öffentlichkeitsarbeit eines Unternehmens.

→ Bundesverband der Veranstaltungswirtschaft e. V. (bdv): *www.bdv-online.com*
→ Bundesvereinigung Soziokultureller Zentren e. V. (BSKZ): *www.soziokultur.de*
→ Deutscher Kulturrat e. V.: *www.kulturrat.de*
→ EVVC Europäischer Verband der Veranstaltungs-Centren e. V.: *www.evvc.org*
→ Forum Marketing-Eventagenturen (FME): *www.famab.de*
→ Verband der Deutschen Konzertdirektionen e. V. (VDKD): *www.vdkd.de*

Fundraiser (Sponsoring)

Fundraiser konzipieren Fundraisingaktionen und -veranstaltungen, entwickeln Direktmarketing-, Werbe- und PR-Maßnahmen und setzen sie um. Sie entwickeln das Profil der Einrichtung in der Öffentlichkeit weiter und verstehen es, das soziale oder kulturelle Anliegen überzeugend darzustellen.

→ Bundesverband Deutscher Stiftungen e. V.: *www.stiftungen.org*
→ Deutscher Fundraising Verband e. V.: *www.sozialmarketing.de*
→ Deutscher Spendenrat e. V.: *www.spendenrat.de*

Kulturpädagoge

Kulturpädagogen sind Kulturvermittler, die wissenschaftliche, künstlerische, didaktische und organisatorische Aufgaben wahrnehmen. In Bereichen wie Theater, Bildende Kunst, Musik, Tanz, Fotografie oder Literatur konzipieren und organisieren sie kultur- und freizeitpädagogische Aktivitäten, entwickeln didaktische Konzepte und entsprechende Projekte, z. B. für Kinder, Jugendliche, Senioren oder ausländische Mitbürger. Für Galerien und Museen erarbeiten sie museumspädagogische Konzepte und führen Schulklassen durch die Ausstellungen. An Theatern bereiten sie Jugendliche, Erwachsene und Kinder auf Theaterbesuche vor, besuchen mit ihnen Proben und diskutieren anschließend über die Aufführungen. Auch die Leitung einer kulturellen Einrichtung können Kulturpädagogen übernehmen.

→ Deutscher Kulturrat e. V.: *www.kulturrat.de*
→ Bundesverband Museumspädagogik e. V.: *www.museumspaedagogik.org*
→ Bundesvereinigung Kulturelle Kinder- und Jugendbildung e. V.: *www.bkj.de*
→ Institut für Bildung und Kultur e. V.: *www.ibk-kultur.de*
→ Kulturpolitische Gesellschaft e. V. (KuPoGe): *www.kupoge.de*
→ Goethe Institut: *www.goethe.de*

Public-Relations-Manager

Public-Relations-Manager erstellen Situations- und Meinungsanalysen sowie ein Stärken-Schwächen-Profil des Unternehmens oder beauftragen externe Dienstleister damit. Auf Grundlage der Ergebnisse planen sie PR-Aktivitäten. Sie verfassen zum Teil mehrsprachige Texte sowohl für die Website des Unternehmens als auch für Newsletter sowie Kundenzeitungen und gestalten sie. Außerdem erstellen und bearbeiten sie verschiedene Unterlagen, dokumentieren die Details der einzelnen Kampagnen, kalkulieren Kosten, erstellen Zeitpläne und überwachen die Durchführung von Veranstaltungen und Projekten sowie die aktive Pressearbeit und den Versand von Pressematerial. Public-Relations-Manager können auch im Bereich der internen Kommunikation von Unternehmen tätig sein.

→ Deutsche Public Relations Gesellschaft e. V. (DPRG): *www.dprg.de*
→ Gesamtverband Kommunikationsagenturen GWA e. V.: *www.gwa.de*
→ Kommunikationsverband e. V.: *www.kommunikationsverband.de*
→ Gesellschaft Public Relations Agenturen e. V. (GPRA): *www.pr-guide.de*

Informations-Broker/Wissensmanager

Mithilfe des Internets, von Spezialdatenbanken und Archiven recherchieren Informations-Broker vorwiegend wirtschaftliche Fachinformationen wie Markt- und Branchenanalysen, Firmenprofile und Finanzinformationen. Sie wählen die für ihre jeweiligen Auftraggeber relevanten Informationen aus und optimieren auf diese Weise den Informationsfluss. Gegebenenfalls verarbeiten sie die Daten digital weiter, erstellen Pressespiegel, Berichte oder Zusammenfassungen in deutscher und englischer Sprache. Sind sie in einem Unternehmen beschäftigt, können der Aufbau und die Aktualisierung betriebsinterner Informationssysteme (Informationsmanagement), eine Tätigkeit als Unternehmens-, EDV- oder Technologieberater sowie das Erstellen von Online-Konzepten (z. B. für Verlage) zu ihren Aufgaben gehören. Darüber hinaus können sie auch innerhalb eines Unternehmens für die Informationsbeschaffung verantwortlich sein.

→ Deutsche Gesellschaft für Informationswissenschaft und Informationspraxis e. V. (DGI): *www.dgi-info.de*
→ VOI – Verband Organisations- und Informationssysteme e.V.: *www.voi.de*

Kommunikationstrainer/Coach

Kommunikationstrainer vermitteln die Regeln und Techniken der Kommunikation und Rhetorik. Sie lehren darüber hinaus, wie man eigene Standpunkte klar formuliert und vertritt. In ihren Seminaren demonstrieren Verhaltens- und Kommunikationstrainer den Teilnehmern, wie man zwischenmenschliches Stress- und Konfliktpotenzial frühzeitig erkennen, souverän ansprechen und Lösungen entwickeln bzw. angemessen reagieren kann.

Im Bereich Business-Coaching unterstützen sie Führungskräfte dabei, Veränderungsprozesse im Unternehmen konstruktiv zu gestalten. Mit gezielten Beratungs- und Trainingsmaßnahmen begleiten sie die Mitarbeiter bei der Bewältigung des Wandels. Oft vermitteln sie Führungskräften die Fähigkeit, selbst das Coaching von Mitarbeitern zu übernehmen.

Eine weitere Aufgabe der Verhaltens- und Kommunikationstrainer ist es, Unternehmensmitarbeitern, die häufige Kundenkontakte haben, professionelle Techniken z. B. für Beratungs- oder Verkaufsgespräche zu vermitteln.

→ Berufsverband für Trainer, Berater und Coaches e. V. (BDVT): *www.bdvt.de*
→ Deutscher Bundesverband Coaching e. V. (DBVC): *www.dbvc.de*
→ dvct – Deutscher Verband für Coaching und Training e. V.: *www.dvct.de*
→ T.O.C. Berufsverband für Training Organisationsberatung und Coaching: *www.trainerverband.de*

Journalist/Redakteur/(Literatur-)Kritiker

→ *www.djv.de/Journalistenschulen.2564.0.html*
→ Deutscher Fachjournalisten-Verband e. V. (DFJV): *www.dfjv.de*
→ DPV Deutscher Presse Verband e. V.: *www.dpv.org*
→ Journalistinnenbund e. V.: *www.journalistinnen.de*
→ Reporter ohne Grenzen e. V.: *www.reporter-ohne-grenzen.de*

→ Verband Deutscher Medizinjournalisten (VDMJ): *www.journalistenvereinigung.de*
→ Deutscher Journalisten-Verband e.V. (DJV), Gewerkschaft der Journalistinnen/Journalisten: *www.djv.de*

Moderator

Moderatoren bereiten Informations- und Unterhaltungssendungen vor und moderieren diese. Darüber hinaus können sie Galas, Kundenveranstaltungen, Produktpräsentationen oder auch Modenschauen moderieren. In den Bereichen Filmsynchronisation und Werbung können sie ebenfalls tätig sein.

→ Vereinigung der Rundfunk-, Film- und Fernsehschaffenden (VRFF): *www.vrff.de*
→ ARD.ZDF medienakademie: *www.ard-zdf-medienakademie.de*

Literaturagent/Lektor

Literaturagenten vermitteln Literaturverträge und den Kauf bzw. Verkauf von Buchrechten. In Verlagsagenturen wickeln sie den Handel mit Buchrechten ab. Sie führen Verhandlungen über Erstausgaberechte, Übersetzungs- und andere Weiterverarbeitungsrechte und betreuen bzw. überwachen die Einhaltung der Verträge. In Autorenagenturen betreuen sie Autoren von Sachbüchern oder belletristischen Werken. Sie prüfen deren Manuskripte hinsichtlich Qualität und Marktchancen und vermitteln sie an geeignete Verlage. Als Zwischenhändler handeln sie dann mit dem Verlag die Verträge und Honorare aus.

Verlagslektoren betreuen Autoren und bereiten mit ihnen Manuskripte auf, d.h. sie schlagen inhaltliche und sprachliche Änderungen vor und korrigieren Fehler. Sie begleiten die Autoren bis zur Druckreife ihrer Manuskripte. Zusammen mit der Verlagsleitung entwickeln sie Programmstrategien bzw. neue Produktideen und versuchen, geeignete Autoren zu gewinnen. Eingesandte Manuskripte beurteilen sie sowohl nach ihrer Qualität als auch hinsichtlich des Marktpotenzials innerhalb des Verlagsprofils bzw. für die spezifischen Zielgruppen. Verlagslektoren wirken an Marketingstrategien und der Öffentlichkeitsarbeit mit, werben im Buchhandel und bei Rezensenten für das Verlagsprogramm und verfassen z. B. PR-Artikel über ein neu herausgegebenes Buch.

→ Verband der freien Lektorinnen und Lektoren (VFLL): *www.vfll.de*
→ Arbeitsgemeinschaft von Jugendbuchverlagen e. V. (avj): *www.avj-online.de*
→ Börsenverein des Deutschen Buchhandels e. V.: *www.boersenverein.de*
→ Verband Bildungsmedien e.V.: *www.bildungsmedien.de*

Autor (Sach-, Fach-, Drehbücher, Biografien etc.)

→ Freier Deutscher Autorenverband (FDA): *www.fda.de*
→ Verband Deutscher Drehbuchautoren e. V. (VDD): *www.drehbuchautoren.de*
→ Verband Deutscher Schriftsteller (VS): *www.verband-deutscher-schriftsteller.de*

Entwickler für digitale Medien

Hauptsächlich übernehmen Entwickler von digitalen Medien die konzeptionelle und kreative Umsetzung von Interfaces und Designs. Sie begleiten Medienprojekte vom Entwurf über die Implementierung bis zur Übergabe an den Kunden. Beispielsweise entwickeln sie Anwendungen, die unterschiedliche Medienarten wie Text, Grafik, Audio, Video, Animationen und Virtual Reality integrieren.

→ BDG Berufsverband der Deutschen Kommunikationsdesigner e. V.: *www.bdg-designer.de*

→ G.A.M.E. Bundesverband der Entwickler von Computerspielen e. V.: *www.game-bundesverband.de*

Webdesigner

Webdesigner gestalten Bildschirmseiten und achten dabei auf Design und Funktionalität. Das Design einer Website soll dem Nutzer einerseits die Orientierung erleichtern, andererseits muss es die gewünschten Inhalte durch Bildsprache, Farben und Typografie unterstützen.

→ Webmasters Europe e. V.: *www.webmasters-europe.org*

E-Learning-Autor

E-Learning-Autoren erstellen Konzepte und Lerninhalte für interaktive Lernmedien und E-Learning-Software. Hauptsächlich arbeiten E-Learning-Autoren bei Software- und Datenbankanbietern und Verlagen, die interaktive Lernmedien und E-Learning-Software herausgeben. Darüber hinaus entwickeln sie neue interaktive Lernformen für die Aus- und Weiterbildung und analysieren vorhandene Lernsysteme. Gegebenenfalls erarbeiten sie Gesamtkonzepte für das Blended Learning, d. h. die Kombination der Lernsoftware mit Präsenzseminaren, Online-Tutoring, Handbüchern etc.

→ Bundesverband Digitale Wirtschaft (BVDW) e.V.: *www.bvdw.org*
→ D-ELAN Deutsches Netzwerk der E-Learning Akteure e. V.: *www.d-elan.net*
→ Forum DistancE-Learning – Der Fachverband für Fernlernen und Lernmedien e. V.: *www.forum-distance-learning.de*

Dolmetscher und Übersetzer

Dieser Beruf ist besonders für Hochschulabsolventen mit zwei Muttersprachen geeignet. Sie arbeiten meist in Übersetzungsbüros oder aber auch freiberuflich. Darüber hinaus sind sie in verschiedenen EU-Institutionen (z. B. EU-Parlament, EU-Kommission), bei Behörden des Landes oder des Bundes sowie in großen Wirtschaftsunternehmen und Agenturen für Medien und Kommunikation tätig. Um Texte oder Aussagen für gerichtliche, behördliche oder notarielle Zwecke zu übertragen, benötigen Dolmetscher eine Beeidigung und öffentliche Bestellung. Hierfür sind die Zuverlässigkeit sowie die fachliche Eignung, meist durch Abschluss eines entsprechenden Studiums oder einer entsprechenden staatlichen Prüfung, teilweise auch durch eine Zusatzprüfung, nachzuweisen.

→ Bundesverband der Dolmetscher und Übersetzer e. V. (BDÜ): *www.bdue.de*
→ Fachverband der Berufsübersetzer und Berufsdolmetscher e. V. (Aticom): *www.aticom.de*
→ Verband deutschsprachiger Übersetzer literarischer und wissenschaftlicher Werke e. V. (VdÜ): *www.literaturuebersetzer.de*

Touristikmanager

Touristikmanager organisieren z. B. die Betriebsabläufe in einem Reisebüro, kaufen Reisedienstleistungen ein, bestellen oder mieten Hotelbetten, Ferienhäuser, Apartments oder Omnibusse an und chartern Flugzeuge, Sonderzüge oder Schiffe. Sie errechnen Kosten und kalkulieren Preise für Pauschalangebote. Die hierfür selbst zusammengestellten oder von Reiseveranstaltern übernommenen Informationen stellen sie in Prospekten und Werbebroschüren dar. Sie spüren neue Reisetrends auf und vermarkten diese. Zudem arbeiten Touristikmanager Einzelangebote aus, die auf die speziellen Wünsche der Kunden zugeschnitten sind. Beispielsweise kombinieren sie für diese Fahrt-, Flug- oder Fährverbindungen und buchen Unterkünfte. Kaufmännische und administrative

Aufgaben wie Schriftverkehr mit Veranstaltern, Beförderungsunternehmen, Fremdenverkehrsvereinen, Kurverwaltungen, Kunden oder Versicherungsunternehmen machen einen wesentlichen Teil ihrer Tätigkeit aus. In der Öffentlichkeitsarbeit führen sie Informationsveranstaltungen durch, geben Presseinformationen heraus und werben auf Touristik- und Freizeitmessen. Im Bereich Travel-Management organisieren Touristikmanager Geschäftsreisen in Großunternehmen, Behörden oder Institutionen.

→ Bundesverband der Deutschen Tourismuswirtschaft (BTW): *www.btw.de*
→ Deutscher Tourismusverband e. V. (DTV): *www.deutschertourismusverband.de*
→ DRV Deutscher ReiseVerband e. V.: *www.drv.de*
→ Verband Internet Reisevertrieb e. V. (VIR): *www.v-i-r.de*

Animateur/Fremdenführer/Reiseleiter

Hauptsächlich arbeiten sie bei Reiseveranstaltern, Fremdenverkehrsämtern, Omnibusunternehmen und auf Ausflugs- und Kreuzfahrtschiffen. Darüber hinaus können sie auch bei Tourismusverbänden beschäftigt sein.

→ Bundesverband der Gästeführer in Deutschland e. V.: *www.bvgd.de*
→ Bundesverband der Reiseleiter, Animateure und Gästeführer e. V.: *www.brag-ev.de*

Entwicklungshelfer

Entwicklungshelfer schulen beispielsweise einheimische Handwerker im Bau von Solaröfen oder hinsichtlich einer effizienten Abwasserreinigung. Sie beraten beim Aufbau von Kleinbetrieben, vermitteln Kenntnisse zur Gewinnung und Verarbeitung lokaler Materialien oder schulen Verwaltungskräfte. Auch in der Stadt-

und Raumplanung oder in der Frauenförderung können sie tätig sein. Als Friedensfachkraft im zivilen Friedensdienst arbeiten sie in Krisengebieten. Beispielsweise analysieren sie Konflikte, beraten traumatisierte Menschen oder führen Bildungsmaßnahmen durch, um Krisen vorzubeugen.

→ Centrum für internationale Migration und Entwicklung (CIM): *www.cimonline.de*
→ Deutsche Gesellschaft für Internationale Zusammenarbeit (GIZ) GmbH: *www.giz.de*
→ Deutsches Institut für Entwicklungspolitik: *www.die-gdi.de*
→ Evangelischer Entwicklungsdienst e. V. (EED): *www.eed.de*

Personalentwickler

Personalentwickler sind in den Bereichen Personalbedarfsplanung, Personalgewinnung und -beurteilung, Aus- und Weiterbildung tätig. Sie formulieren Grundsätze und Leitlinien in Bereichen wie Führung, Zusammenarbeit, Information und Kommunikation. Mit dem Ziel, ein optimales Verhältnis von Personalaufwand und Personalleistung zu erhalten, ermitteln sie den Personalbedarf und untersuchen Personalbestände. Sie erarbeiten Anforderungs- und Kompetenzprofile und wirken bei der Einstellung neuer Mitarbeiter mit.

→ Deutsche Gesellschaft für Personalführung e. V. (DGFP): *www.dgfp.de*
→ DGP Deutsche Gesellschaft für Personalwesen e. V.: *www.dgp.de*

Unternehmensberater/Outplacement-Berater/ Interkultureller Coach

Unternehmensberater beurteilen und planen die Markt- und Kundenausrichtung von Unternehmen und entwickeln Vorschläge sowohl hinsichtlich der Geschäftsfeldentwicklung als auch der Marketing- und Verkaufsorganisation (Strategieberatung). Da- rüber hinaus identifizieren sie Umsatz- und Verbesserungspotenziale im Unternehmen, unterbreiten ihren Auftraggebern Konzepte zur Betriebsoptimierung beispielsweise hinsichtlich organisatorischer Abläufe und beraten sie über Finanzierungs- und Förderungsmöglichkeiten (Organisations- und Prozessberatung).

Im Tätigkeitsfeld Outplacement-Beratung werden sie in Unternehmen tätig, die Mitarbeiter entlassen. Aufgabe der Berater ist es hier, die Beendigung der Arbeitsverhältnisse möglichst einvernehmlich und verantwortungsvoll zu gestalten. Dazu gehört insbesondere, das Qualifikationsprofil der zu entlassenden Mitarbeiter zu erarbeiten, diese bei der weiteren Karriereplanung zu beraten und ihnen bei der Stellensuche behilflich zu sein.

Interkulturelles Management in international tätigen Unternehmen kann die Leistungsfähigkeit der Mitarbeiter bei Auslandseinsätzen verbessern. Als Coach für interkulturelles Management vermitteln Unternehmensberater Integrationsstrategien, die ihre Kunden auf kulturelle Differenzen vorbereiten und sie mit Denkweisen, Verhaltensmustern, Verhandlungsformen und Wertvorstellungen eines anderen Landes vertraut machen. Das Aufgabenprofil von Unternehmensberatern erstreckt sich hier von der Beratung bei der Mitarbeiterauswahl über die Vorbereitung im Mutterland und die Betreuung vor Ort bis hin zur Reintegration der Mitarbeiter nach den Auslandseinsätzen.

→ Bundesverband deutscher Unternehmensberater BDU e. V.: *www.bdu.de*

→ Deutscher Managerverband e. V.: *www.managerverband.de*

Stellenangebote / Selbstständig machen

Unter dem Titel »Arbeitsmarkt Bildung, Kultur, Sozialwesen« veröffentlicht der Wissenschaftsladen Bonn wöchentlich Stellenangebote, die sich an Geisteswissenschaftler richten. Dafür wertet er 55 Tages- und Wochenzeitungen, 31 Fachzeitschriften und 50 Jobbörsen und Firmen-Webseiten aus. Die Zeitschrift kann abonniert werden. Ein Teil der Stellenangebote ist auch im Internet unter *www.wila-arbeitsmarkt.de* zu finden.

Detaillierte Informationen zu den verschiedenen Berufen und Berufsfeldern, zu Einstiegsmöglichkeiten und -voraussetzungen sind im »Berufenet« der Bundesagentur für Arbeit zu finden: *http://berufenet.arbeitsagentur.de/berufe/index.jsp*

Infos zur Stellensuche im Internet

→ Agentur für Arbeit Göttingen, Hochschulteam (2011): www – Stellensuche im Internet. Jobbörsen für Akademiker: *www.arbeitsagentur.de/Dienststellen/RD-NSB/Goettingen/AA/A04-Vermittlung/Allgemein/Generische-Publikationen/Stellensuche-im-Internet.pdf*

→ *www.existenzgruender.de*

Ganz gehen – oder ein bisschen?

Eine Entlassung aus dem Beamtenverhältnis kann jederzeit beantragt werden. In diesem Fall werden für die Dauer des Dienstes die Rentenversicherungsbeiträge vom Dienstherrn nachentrichtet. Eine Begründung ist nicht erforderlich.

Beamte werden in der Rentenversicherung so gestellt, als wären sie in der Beamtendienstzeit versicherungspflichtig beschäftigt gewesen. Es erfolgt keine Aufteilung in Arbeitgeber- und Arbeitnehmeranteile, sodass der Nachzuversichernde an der Beitragszahlung nicht beteiligt wird.

Und was, wenn man merkt, man hat sich falsch entschieden? Der Neustart gelingt einfach nicht, man hat den Eindruck, eigentlich war es vorher doch besser ... Kann man zurückkommen, wenn man sich falsch entschieden hat? Ja, man kann! Das Lehrerexamen geht ja nicht verloren, eine Neubewerbung auf der Grundlage des absolvierten Staatsexamens ist jederzeit möglich. Selbst eine Wiederverbeamtung ist möglich, wenn die üblichen Rahmenbedingungen stimmen (unter 45 Jahren Lebensalter, positive Eignungsuntersuchung des personalärztlichen Dienstes).

Ausstieg auf Zeit: Sabbatjahr oder Beurlaubung?

Seit Längerem gibt es für Lehrer die Möglichkeit, ein Jahr lang zu pausieren, um Luft zu holen, sich neu zu orientieren und möglicherweise ohne den Stress des täglichen Schulalltags dauerhafte Alternativen recherchieren und vorbereiten zu können. Die konkreten Umsetzungsformen sind in den Bundesländern unterschiedlich geregelt, sie basieren letztlich auf Modellen, nach denen es sich bei der »Sabbatzeit« um eine besondere Form der Teilzeitbeschäftigung handelt. In der Regel ist diesen Modellen gemeinsam, dass die arbeitsfreie Zeit zunächst angespart wird, wobei die

Möglichkeiten der Ansparzeit unterschiedlich geregelt sind. Sie reichen von der Variante, zwei Jahre lang 50 Prozent seiner Bezüge zu erhalten und dafür im zweiten Jahr nicht zu arbeiten, bis zur Variante, die Ansparzeit auf insgesamt sieben Jahre zu verteilen, also sieben Jahre lang 6/7 seines Gehalts zu beziehen und dafür im siebten Jahr frei zu haben.

Wer nicht ansparen kann oder möchte, etwa weil sich ihm kurzfristig eine attraktive Alternative eröffnet oder weil er eine deutliche längere Auszeit als ein Jahr benötigt, der kann sich für die Variante »Beurlaubung ohne Dienstbezüge« entscheiden. Ursprünglich war diese Form des zeitweisen Ausstiegs nur für Situationen vorbehalten, »in denen wegen der Arbeitsmarktsituation ein außergewöhnlicher Überhang an Bewerberinnen und Bewerbern besteht und deshalb ein dringendes öffentliches Interesse daran besteht, verstärkt Bewerberinnen und Bewerber im öffentlichen Dienst zu beschäftigen«:

Bundesbeamtengesetz, § 95: Beurlaubung ohne Besoldung

Beamtinnen und Beamten, die Anspruch auf Besoldung haben, kann in Bereichen, in denen wegen der Arbeitsmarktsituation ein außergewöhnlicher Überhang an Bewerberinnen und Bewerbern besteht und deshalb ein dringendes öffentliches Interesse daran besteht, verstärkt Bewerberinnen und Bewerber im öffentlichen Dienst zu beschäftigen, auf Antrag Urlaub ohne Besoldung

1. bis zur Dauer von insgesamt sechs Jahren oder
2. für einen Zeitraum, der sich bis zum Beginn des Ruhestands erstrecken muss

bewilligt werden, wenn dienstliche Belange dem nicht entgegenstehen.

Mittlerweile ist die oben genannte Einschränkung in den Beamtengesetzen einiger Bundesländer aufgehoben worden, sodass in der Regel eine Beurlaubung ohne Bezüge bis zu sechs Jahren möglich ist, wenn dem »dienstliche Belange nicht entgegenstehen« – zum Beispiel heißt es im Hamburgischen Beamtengesetz:

§ 6: Urlaub ohne Dienstbezüge

Beamtinnen und Beamten mit Dienstbezügen kann

1. auf Antrag Urlaub ohne Dienstbezüge bis zur Dauer von insgesamt sechs Jahren,
2. nach Vollendung des 50. Lebensjahres auf Antrag, der sich auf die Zeit bis zum Beginn des Ruhestandes erstrecken muss,

Urlaub ohne Dienstbezüge bewilligt werden, wenn dienstliche Belange nicht entgegenstehen.

Halb gehen: »Übertragung eines anderen Amtes« statt Frühpensionierung

Jeder fünfte Lehrer geht wegen Dienstunfähigkeit frühzeitig in Pension. Es muss aber nicht unbedingt Frühpensionierung, Ausstieg auf Zeit oder die Entlassung aus dem Beamtenverhältnis sein. Für viele Lehrerinnen und Lehrer, die dringend eine Alternative zu der Unterrichtstätigkeit in der Klasse suchen, die sich aber viel zu fit für eine Frühpensionierung fühlen, gibt es die Möglichkeit der im Beamtendeutsch so genannten »anderweitigen Verwendung«. Eine solche wird in den verschiedenen Bundesländern in unterschiedlicher Weise umgesetzt, alle konkreten Möglichkeiten der »anderweitigen Verwendung« basieren aber immer auf dem § 26 des Beamtenstatusgesetzes, Thema »Dienstunfähigkeit«.

§ 26: Dienstunfähigkeit

(1) Beamtinnen auf Lebenszeit und Beamte auf Lebenszeit sind in den Ruhestand zu versetzen, wenn sie wegen ihres körperlichen Zustands oder aus gesundheitlichen Gründen zur Erfüllung ihrer Dienstpflichten dauernd unfähig (dienstunfähig) sind. Als dienstunfähig kann auch angesehen werden, wer infolge Erkrankung innerhalb eines Zeitraums von sechs Monaten mehr als drei Monate keinen Dienst getan hat und keine Aussicht besteht, dass innerhalb einer Frist, deren Bestimmung dem Landesrecht vorbehalten bleibt, die Dienstfähigkeit wieder voll hergestellt ist. Von der Versetzung in den Ruhestand soll abgesehen werden, wenn eine anderweitige Verwendung möglich ist. Für Gruppen von Beamtinnen und Beamten können besondere Voraussetzungen für die Dienstunfähigkeit durch Landesrecht geregelt werden.
(2) Eine anderweitige Verwendung ist möglich, wenn der Beamtin oder dem Beamten ein anderes Amt derselben oder einer anderen Laufbahn übertragen werden kann. In den Fällen des Satzes 1 ist die Übertragung eines anderen Amtes ohne Zustimmung zulässig, wenn das neue Amt zum Bereich desselben Dienstherrn gehört, es mit mindestens demselben Grundgehalt verbunden ist wie das bisherige Amt und wenn zu erwarten ist, dass die gesundheitlichen Anforderungen des neuen Amtes erfüllt werden. Beamtinnen und Beamte, die nicht die Befähigung für die andere Laufbahn besitzen, haben an Qualifizierungsmaßnahmen für den Erwerb der neuen Befähigung teilzunehmen.
(3) Zur Vermeidung der Versetzung in den Ruhestand kann der Beamtin oder dem Beamten unter Beibehaltung des übertragenen Amtes ohne Zustimmung auch eine geringerwertige Tätigkeit im Bereich desselben Dienstherrn übertragen werden, wenn eine anderweitige Verwendung nicht möglich ist und die Wahrnehmung der neuen Aufgabe unter Berücksichtigung der bisherigen Tätigkeit zumutbar ist.

Soll ich aussteigen? Impulse für die Selbstreflexion

Den Schritt zu wagen, den Lehrerberuf inklusive Beamtenverhältnis zu verlassen, will sehr wohl bedacht sein. Andererseits kann ein solcher Schritt dazu führen, dass man selbst wieder zu größerer Lebensfreude findet, wie die Beispiele in diesem Buch zeigen, dass man zufriedener, gesünder, ja, glücklicher leben kann, weil man mit sich selbst im Reinen ist, dass man das tun kann, was einem wirklich liegt, sich nicht mehr jeden Tag voller innerer Widerstände in die Schule begeben muss. Nicht zuletzt kann der Vollzug eines so großen und schwierigen Schritts zu größerem Selbstvertrauen, ja, Stolz auf sich selbst führen.

Die folgenden Impulse sind nicht als Checkliste oder Selbsttest zu verstehen. Es sind Impulse, als Aussagen formuliert, die dabei helfen sollen, die eigene Selbstreflexion zu fördern. Es macht Sinn, über die Aussagen schriftlich nachzudenken oder auch mit guten Freunden darüber ins Gespräch zu kommen – weniger um sich von Freunden beraten zu lassen, sondern eher, um durch das »laute Nachdenken« die eigenen Gedanken und Gefühle zu klären.

Die Nachdenk-Impulse sind als positive Aussagen formuliert, quasi aus der Perspektive von jemandem, der im Lehrerberuf »zu Hause« ist, für den dieser Beruf der richtige ist, der mit den Herausforderungen und Schwierigkeiten des Berufs gut umgehen kann. Den Schwerpunkt bilden naturgemäß Aspekte, die mit der Persönlichkeit zu tun haben. Diese machen eigentlich den Kern dessen aus, ob jemand im Lehrerberuf »richtig« ist und ob er sich dort wohlfühlen kann oder nicht. Diese so zentralen Aspekte werden in der Lehrerausbildung gerne ausgeklammert und ungern angesprochen, eben weil sie so »persönlich«, quasi intim sind.

Einige Impulse sind bewusst offen formuliert, um darüber ein breites und differenziertes Nachdenken zu initiieren; andere sind sehr konkret formuliert, um möglichst wenig Gelegenheit zu geben auszuweichen. Je häufiger man beim Nachdenken über die Impulse zögert oder gar widerspricht, umso deutlicher stellt sich die Frage, ob der Lehrerberuf wirklich das Richtige ist. Jeder Impuls bietet die Möglichkeit, darüber differenziert nachzudenken. Ein Alarmzeichen könnte es dabei sein, wenn man häufiger mit »eigentlich« reagiert und versucht, tatsächlich vorhandene Bedenken und Zweifel »wegzurationalisieren«.

	++	+	+/−	−	− −
Ich mag Kinder und Jugendliche.	❑	❑	❑	❑	❑
Mich interessiert, wie Kinder und Jugendliche denken und fühlen, auch wenn das völlig anders ist als das, was ich für »richtig« halte.	❑	❑	❑	❑	❑
Ich kann Kinder und Jugendliche erreichen. Ich finde den richtigen Ton.	❑	❑	❑	❑	❑
Ich kann eine Lerngruppe so ansprechen, dass sie mir zuhört.	❑	❑	❑	❑	❑
Ich kann auch streng sein, ohne persönlich zu verletzen.	❑	❑	❑	❑	❑
Ich »brenne« für fachliche Themen. Ich glaube, ich kann andere dafür begeistern.	❑	❑	❑	❑	❑
Ich kann gut erklären. Ich kann auch schwierige und komplizierte Themen und Sachverhalte einfach und gut verständlich vermitteln.	❑	❑	❑	❑	❑
Ich bleibe gelassen, wenn etwas mal nicht so klappt, wie ich es mir vorgenommen habe.	❑	❑	❑	❑	❑
Ich kann auch mal Fünfe gerade sein lassen.	❑	❑	❑	❑	❑
Ich weiß sehr gut Bescheid über inhaltliche Aspekte meiner Unterrichtsfächer.	❑	❑	❑	❑	❑
Bei aller Kritik im Detail kann ich mich mit dem »System« schulischen Lernens im Prinzip identifizieren.	❑	❑	❑	❑	❑

	++	+	+/–	–	– –
Ich fühle mich dem »System Schule« nicht ausgeliefert, sondern ich glaube, dass ich viele Spielräume habe, selbst zu gestalten.	❑	❑	❑	❑	❑
Anderen gegenüber spreche ich über die Schule und über meine Schülerinnen und Schüler eher positiv. Ich berichte eher von Gelungenem, von Erfreulichem und Erfolgen als von Problemen und Schwierigkeiten.	❑	❑	❑	❑	❑
Ich habe Wege gefunden, mich und meine Arbeit (inkl. der Unterrichtsvorbereitung, Korrekturen, Konferenzen, Elternarbeit ...) so zu organisieren, dass mich die Arbeit nicht »auffrisst«, sondern genügend Zeit für Privates bleibt.	❑	❑	❑	❑	❑
Ich kann auch richtig abschalten und die »schulischen« Themen hinter mir lassen.	❑	❑	❑	❑	❑
Lehrerinnen und Lehrer müssen auch führen können und wollen. Davor habe ich keine Angst.	❑	❑	❑	❑	❑
Ich lache gerne und habe Humor.	❑	❑	❑	❑	❑
Ich bin gerne unter Menschen. Es fällt mir leicht, Kontakt zu anderen herzustellen.	❑	❑	❑	❑	❑

Bleiben oder gehen?

Die Verlockungen der festen Beamtenstelle sind gewaltig: Ein monatlicher »Scheck«, der zwar bescheiden ausfällt im Vergleich zu dem, was manche Menschen im eigenen Freundeskreis, die in der »freien Wirtschaft« beschäftigt sind, nach Hause bringen, der aber doch immerhin ein recht ordentliches Leben ermöglicht, oft mit eigenem Häuschen, Auto und regelmäßigem Urlaub.

So manch einer, der sich eigentlich nur noch widerwillig in die Schule quält, akzeptiert diese unbefriedigende Situation als das kleinere Übel. Man weiß ja nicht wirklich, was einen »draußen« erwartet. Und etwas zu finden, wo man wenigstens auch »A13« hat, dürfte nicht einfach sein. Also bleibt man. Und wird dabei häufig immer unzufriedener. Die eigene Unzufriedenheit spüren Schüler und Kollegen – und tragen infolgedessen dazu bei, dass die Unzufriedenheit noch größer wird. Wenn's ganz schlimm kommt, wird man krank. Und am Ende steht dann unter Umständen die Frühpensionierung. Die Vorstellung, dass dann alles besser wird, weil man endlich das tun kann, was man doch immer schon wollte, erweist sich schnell als Illusion. Zu sehr und zu lange haben die Bedenken, das Zögern, das »Geht-nicht«-Denken von einem Besitz ergriffen, sodass die Kraft und Begeisterung, die notwendig sind, um etwas Neues zu starten, einfach nicht mehr vorhanden sind.

Die Macht der sicheren Stelle ist so stark, dass man anfangs gar nicht wahrhaben will, dass etwas nicht stimmt. Man »rationalisiert« vor sich selbst und vor anderen, dass es schon so schlimm nicht ist und dass alle Alternativen eh viel schlimmer seien. Doch irgendwann setzt sich zunehmend die Erkenntnis durch, dass der Preis dafür, weiterzumachen und so zu tun, als ob, höher ist, als Unsicherheit in Kauf zu nehmen und Veränderung anzugehen.

Alarmsignale für Burnout: Selbstcheck	++	+	+/–	–	– –
Ich klage oft über meine Unzufriedenheit am Arbeitsplatz Schule.	❑	❑	❑	❑	❑
Ich fiebere dem Wochenende oder Ferienbeginn förmlich entgegen.	❑	❑	❑	❑	❑
Ich habe das Gefühl, mein Leben wird völlig von meiner Arbeit dominiert.	❑	❑	❑	❑	❑
Ich fühle mich antriebslos.	❑	❑	❑	❑	❑
Ich befürchte gesundheitliche Beeinträchtigungen aufgrund meiner Arbeit als Lehrer/in.	❑	❑	❑	❑	❑
Freunde raten mir, nach einer beruflichen Alternative zu suchen.	❑	❑	❑	❑	❑
Ich »rationalisiere« ständig, warum ich jetzt unmöglich aussteigen kann.	❑	❑	❑	❑	❑
Ich nehme häufig Alkohol, Drogen oder Medikamente, die mir helfen, meine Arbeit zu schaffen.	❑	❑	❑	❑	❑

Was behindert eine erfolgreiche Suche nach Alternativen?

Mit Menschen sprechen, die selbst beruflich unzufrieden sind

Ein typischer Fehler, den viele begehen, die mit ihrem Leben oder bestimmten Aspekten ihres Lebens unzufrieden sind: mit Menschen zu sprechen, sich womöglich sogar mit Menschen zu umgeben, denen es ähnlich (schlecht) geht. Die Hoffnung dabei: Der »Selbsterfahrungsgruppeneffekt«, das Gefühl, »You are not alone«, würde quasi die Unzufriedenheit auflösen, die schlechten Gefühle reduzieren, auf dass dann, auf der Grundlage des nun vermeintlich »geklärten Selbst«, die Ideen für Alternativen nur so sprudelten – und vor allem die Impulse, tatsächlich loszulegen, endlich stark genug würden, statt weiter nur zu denken: »Eigentlich sollte ich …«

Da ist dann die Angst, dass der Kontakt zu Menschen, die tatsächlich aktiv geworden sind und dabei vielleicht sogar Erfolg gehabt haben, einen bremsen könnten – die Angst, sich zu vergleichen, zu denken: »Das könntest du nie«, »Das ist doch ne Nummer zu groß für dich …«.

Tatsächlich aber bremst der Kontakt zu Menschen, die ähnlich unzufrieden, ähnlich zögerlich, ähnlich selbstzweifelnd sind wie man selbst, massiv die eigene Entwicklung. Das »Schmoren im eigenen Saft«, das sich gegenseitige Bestätigen des jeweiligen Leids, das hohe Maß an Verständnis für die eigene Unzufriedenheit, die eigenen Zweifel, die eigenen Rationalisierungen, nicht wirklich aktiv zu werden (»Kenn' ich! Ist bei mir genauso!«), tragen letztlich dazu bei, diese zu verstärken. Im Austausch mit anderen Unzufriedenen bestärkt man sich unbewusst gegenseitig darin, die Suche nach beruflichen Alternativen nicht wirklich aktiv, gezielt und effizient anzugehen und zu gestalten.

Die Alternative muss in jeder Beziehung »besser« sein, als das was man hat

Diese klassische Rationalisierungsstrategie, warum man doch besser bei dem bleibt, was man hat, und sei es auch das »kleinere Übel«, macht es gerade Lehrerinnen und Lehrern sehr schwer, sich ernsthaft mit Alternativen auseinanderzusetzen. A13, die Ferien, die Pension … Hier hilft nur eine schonungslose Selbstanalyse: Wie viel sind mir die »korrumpierenden« Anteile des Lehrerberufs wirklich wert? Was genau kann ich gewinnen, wenn ich auf diese Anteile verzichte? Die Interviews im ersten Teil des Buches zeigen Menschen, die für sich den Gewinn beispielsweise an persönlicher Freiheit so hoch gewichtet haben, dass sie auf bestimmte materielle Anreize verzichtet und den Eindruck haben, dabei gewonnen zu haben.

»Was denken die anderen? Und wenn ich scheitere?«

Natürlich wird jemand, der tatsächlich diesen großen Schritt wagt, auf eine Perspektive im Lehrerberuf zu verzichten und den sicheren »Beamtenhafen« zu verlassen, von seinem privaten und beruflichen Umfeld genaustens »beäugt«: Wird das gut gehen? Ob der/die das schafft? Man steht also tatsächlich unter verschärfter Beobachtung, allein schon, weil es bei den anderen ja nicht wenige gibt, die selbst davon träumen, etwas anderes zu machen, sich aber nicht trauen, und die deshalb Weltmeister im Rationalisieren sind, warum ein Wechsel eben doch sehr schwierig ist ...

Hier hilft es, wenn man dem Gegenüber den Wind aus den Segeln nimmt: ganz offen über die eigenen Ideen, aber auch Fragen und Probleme zu sprechen und die möglichen Gedanken des anderen auszusprechen: »Du denkst vielleicht ...« oder »Manche Leute meinen, dass das nichts wird ...«, oder ganz direkt: »Einige trauen mir das nicht zu. Ich weiß, dass ich mir da viel vorgenommen habe, und von manchen, die mir jetzt gute Ratschläge erteilen, weiß ich, dass sie selbst oft schon mal im stillen Kämmerlein über eine Alternative nachgedacht haben ...«

»Ich bin doch nur Lehrer! Was kann man damit schon machen!«

Die ausführliche Übersicht auf S. 100 ff. zeigt deutlich, dass es objektiv eine große Anzahl realistischer Alternativen zum Lehrerberuf gibt. Die Berichte im ersten Teil des Buches zeigen, dass die Lehrerausbildung in der ersten und zweiten Phase Menschen in hohem Maße für eine Fülle von Anforderungen und Aufgaben qualifiziert, die man sich konkret und differenziert bewusst machen und für eine realistische und selbstermutigende Analyse der eigenen Stärken und Kompetenzen (S. 132 ff.) nutzen sollte.

»Ich bin zu bequem, um wirklich durchzustarten«

An dieser Haltung, an dieser Wesenseigenschaft, werden wahrscheinlich die meisten Menschen scheitern, die »eigentlich« auf der Suche nach einer Alternative zum Lehrerberuf sind: die eigene Bequemlichkeit, den inneren Schweinehund zu überwinden ... Um diesen zu besiegen, kann man sich durch diverse Ratgebertitel à la »So zähmen Sie Ihren inneren Schweinehund!« arbeiten oder pragmatisch und möglicherweise effektiver mit den Tipps im folgenden Kapitel »Was tun?« starten.

»Ich habe Angst, mich zu bewerben, Kunden zu aquirieren, mich unbekannten Situationen auszusetzen«

Wen solche Ängste umtreiben, der sollte die Alarmglocken hören! Denn hier sind zentrale Aspekte des Lehrerseins betroffen. Wer wirklich Angst hat, sich schwierigen Kommunikationssituationen zu stellen, wer Angst davor hat, sich, seine Dienstleistung, sein Produkt »an den Mann« zu bringen, ist mit ziemlicher Sicherheit falsch im Lehrerberuf. Denn letztlich geht es im Unterricht und in der Schule zentral um Kommunikation, oft auch um die Bewältigung schwieriger Kommunikationssituationen. Und schließlich kommt ein Lehrer nicht umhin, auch sein »Produkt«, den Stoff, ein Stück weit »verkaufen« zu müssen und daran auch Spaß zu haben. Wer also so empfindet, sollte sich sehr ernsthaft nach einer Alternative umsehen, einer Alternative, die weniger kommunikative Kompetenzen erfordert, beispielsweise im künstlerisch-kreativen Bereich.

Was tun?

Das innere Team

Das Modell des »inneren Teams« des Kommunikationspsychologen Friedemann Schulz von Thun (siehe Abbildung[9]) kann bei der Selbstklärung in zwiespältigen Situationen helfen. Danach führen Menschen, die vor einer schwierigen Entscheidung stehen, mehr oder weniger bewusst eine innere »Teamsitzung«. Schulz von Thun empfiehlt, eine bewusste »Teamsitzung« nach bestimmten Regeln abzuhalten.

Dazu müssen zunächst die »Mitglieder« des inneren Teams identifiziert werden. Es braucht ein wenig Zeit, die zwei oder mehr »Seelen« in der eigenen Brust wirklich wahrzunehmen, zuzulassen und nicht vorschnell wegzurationalisieren. Anschließend

9 aus: Schulz von Thun 1998, S. 256. © 1998 by Rowohlt Taschenbuch Verlag GmbH, Reinbek bei Hamburg

sollte jedes »Teammitglied« das Recht bekommen, seine Botschaft unkritisiert vorzubringen. Das kann alleine in schriftlicher Form erfolgen oder auch mithilfe einer externen Person, eines Klärungshelfers.

Hilfreich für die Klärung der einander scheinbar widersprechenden und vermeintlich unvereinbaren Positionen ist die Einbeziehung von Werte- und Entwicklungsquadraten (Schulz von Thun 1998, S. 8). Die Prämisse des Werte- und Entwicklungsquadrats lautet: Jeder Wert (jede Tugend, jedes Leitprinzip, jede menschliche Qualität) kann nur dann seine volle konstruktive Wirkung entfalten, wenn er sich in ausgehaltener Spannung zu einem positiven Gegenwert, einer »Schwestertugend« befindet. Ohne diese Balance verkommt ein Wert zu seiner entwerteten Übertreibung. Ehrlichkeit ohne Takt beispielsweise kann zur brutalen Offenheit verkommen, Takt ohne Ehrlichkeit zur höflichen Fassade. Mithilfe eines Werte- und Entwicklungsquadrates kann es gelingen, eigene Wünsche und Ziele zu klären und die Richtung der Entwicklung zu definieren.

So kann eine »Sitzung« des inneren Teams mithilfe von Werte- und Entwicklungsquadraten von jemandem, der für sich klären möchte, ob er weiterhin als Lehrer arbeiten soll und – oder eben nicht –, dabei behilflich sein, eigene Werte, Ziele, aber auch Kompetenzen und Vorlieben zu klären (siehe nächste Seite). Er könnte dabei etwa als »Schwestertugend« zu dem eigenen Werteschwerpunkt »Sicherheit und Beständigkeit« »Veränderung und Beweglichkeit« identifizieren und dabei entdecken, dass er selbst durchaus auch Wünsche nach und möglicherweise sogar Anteile von »Veränderung und Beweglichkeit« innehat und dass der Tugend »Sicherheit und Beständigkeit« immer auch die Gefahr der negativen Übertreibung innewohnt. Eine solche Klärungs-»Sitzung« des inneren Teams könnte unter anderem dazu beitragen, die eigenen Vorstellungen und Bedürfnisse nach »Veränderung und Beweglichkeit« zu identifizieren und zuzulassen und gleichzeitig den vorhandenen Schwerpunkt »Sicherheit und Beständigkeit« stärker zu akzeptieren und sogar für die eigene Weiterentwicklung zu nutzen.

Positiver Wert (Tugend) A z. B. »Sicherheit und Beständigkeit«	**B – die »gegenteilige« positive »Schwestertugend« von A** z. B. »Veränderung und Beweglichkeit«
Negative Übersteigerung der Tugend A z. B. »Unbeweglichkeit«	**Negative Übersteigerung der Tugend B** z. B. »Sprunghaftigkeit, Unberechenbarkeit«

Wo liegen meine Stärken, Wünsche, Visionen?

Eine solche »Sitzung« des inneren Teams zur Klärung der eigenen Werte bietet eine gute Voraussetzung dafür, sich genauer mit den eigenen Kompetenzen, Wünschen und Zielen auseinanderzusetzen.

Die Klärung Ihrer Stärken, Wünsche, Visionen kann sowohl schriftlich als auch im »Lautdenken«, also im Gespräch mit Freunden, Bekannten oder professionellen Klärungshelfern erfolgen. Eine vorherige schriftliche Reflexion ist in jedem Falle hilfreich.

Leitfragen für die Reflexion

- → Was sind meine besonderen Kompetenzen? Was kann ich eigentlich ganz gut, was kann ich richtig gut? Worin kenne ich mich gut aus? Wie sehen andere das?
- → Wie steht es um persönliche Kompetenzen (z. B. Auftreten, Kommunikation, Kontakt), wie um fachliche Kompetenzen (z. B. gut Bescheid wissen über ein Thema, handwerkliche Kompetenzen, Computer-Know-how ...)? Was ist mit Hobbys?
- → Wofür hätte ich gerne mehr Zeit? Womit würde ich gerne meine Zeit verbringen? Was verschafft mir in besonderem Maße Zufriedenheit, vielleicht sogar Glücksgefühle? Was würde ich am liebsten machen, wenn ich einfach so genügend Geld zur Verfügung hätte? Was wäre heute mein Traumberuf?

Wichtig für eine solche Stärken- und Zielanalyse ist es, im Sinne eines Brainstormings alle Gedanken ungefiltert und unzensiert zuzulassen. Das heißt, jede »Schere im Kopf«, jedes »Das passt aber gar nicht hierher«, »Das stimmt ja nur zum Teil«, jedes »Eigentlich nicht so richtig« ist an dieser Stelle verboten.

Eine Bewertung der spontanen, unzensierten Sammlung erfolgt erst nach Abschluss der Sammlung. Hierbei ist es sinnvoll, die Vielfalt der ersten Einfälle wirklich zu nutzen, vermeintlich verrückten Spuren zu folgen und nachzuspüren, inwieweit hinter einem »unrealistischen«, »übertriebenen« Gedanken nicht vielleicht doch mehr als ein Körnchen Wahrheit steckt – mit vielleicht zahlreichen Möglichkeiten für die eigene Weiterentwicklung.

Meine Bedenken und Ängste

In derselben Weise werden anschließend die vielfältigen Bedenken und Ängste identifiziert. Dies ist die Gelegenheit, sich seinen Ängsten, Zweifeln und Sorgen wirklich zu stellen und wiederum alle – wirklich alle – inneren Gedanken, Gefühle aufzuschreiben, egal wie »übertrieben«, »peinlich« oder »unberechtigt« sie erscheinen mögen. Das Aufschreiben all dessen, was man sich bisher vielleicht kaum zu denken gewagt hat, hat dabei bereits einen ausgesprochen kathartischen Effekt: Ich gestehe mir zu, solche »absurden« Gedanken und Gefühle zu haben! Erst wenn sie wirklich schwarz auf weiß vor mir stehen, kann ich sie konstruktiv bearbeiten. Das heißt vor allem, sie einem ehrlichen Realitäts-Check zu unterziehen. Dabei können einem andere Menschen behilflich sein, die einen gut kennen und zu denen ein Vertrauensverhältnis besteht, die aber auch den Mut haben, einen mit unter Umständen unbequemen Fragen zu konfrontieren (»critical friends«).

So kann mancher Angst (z. B. »Ich kann nicht Nein sagen, weil ich Angst habe, mich unbeliebt zu machen«) die Erfahrung mit Situationen aus einem anderen, vergessenen Kontext gegenübergestellt werden, also eigene Erfahrungen, in denen es überraschend gut und sicher gelungen ist, beispielsweise Nein zu sagen. Wenn dem so ist, sollte man versuchen zu verstehen, warum eine aus Ängsten und Bedenken resultierende vermeintliche Schwäche in einem anderen Kontext nicht auftritt, welche Gefühle in diesem anderen Kontext vorherrschen und wie man die vermeintlich schwierige Situation in dem anderen Kontext bewältigt hat.

Die anfangs erstellte Liste von Bedenken und Ängsten wird so zwar nicht »wegrationalisiert«, ihr Umfang und ihre Bedeutung werden sich durch die oben beschriebene Arbeit aber reduzieren. Was bestehen bleibt, sollte ernst genommen werden. Auch wenn es natürlich Möglichkeiten gibt, an den bestehenden Ängsten weiterhin konstruktiv zu arbeiten, so finden sich hier doch wichtige Hinweise darauf, welche beruflichen Tätigkeiten eher nicht oder weniger infrage kommen.

Was kommt für mich wirklich infrage?

Nachdem Sie nun so differenziert wie möglich Ihre Stärken und Wünsche ebenso wie Ihre Ängste und Bedenken reflektiert und geklärt haben, sollten Sie auf dieser Basis und mithilfe der in diesem Buch angebotenen Ideen, Beispiele und Möglichkeiten eine Übersicht erstellen, welche konkreten Alternativen für Sie infrage kommen könnten. Auch für diesen Schritt ist es angezeigt, sich nicht zu früh von der »Schere im Kopf« zensieren zu lassen – gerade auch deshalb, weil der Schritt, wirklich neu zu starten, einfach so groß ist, dass man unbewusst jedes »Aber« oder »Geht eh nicht« dankbar annimmt, um sich bereitwillig dahinter zu verstecken und damit zu entschuldigen, dass man doch nicht aktiv wird. Deshalb ist nun noch einmal alles okay, was mir im Lichte der Leitfrage »Das könnte zu mir passen« in den Sinn kommt – ohne Rücksicht zu nehmen auf Ängste und Bedenken.

Dies kann wiederum in einem Brainstorming geschehen – alleine oder gemeinsam mit anderen –, bei dem es zunächst wieder darum geht, vor allem »Masse« zu produzieren und nicht zu werten oder vorschnell auszusortieren.

Eine sehr effiziente Methode hierfür ist die »Ideensonne«. Hierfür benötigt man ein großes Blatt Papier, möglichst DIN A3. In der Mitte des Blattes schreibt man in einen Kreis (die »Sonne«) das Thema, zu dem man Ideen entwickeln möchte, hier also: »Welche berufliche Alternativen kommen für mich infrage?« In den folgenden fünf Minuten wird geschrieben, geschrieben, geschrieben, und zwar ohne (Nachdenk-)Pausen, ohne aufzuhören. Von der Sonne ausgehend wird eine Linie gezeichnet (ein »Strahl«), und auf diese Linie wird die erste spontane Idee geschrieben, möglichst nur ein Wort. Sofort wird darunter der nächste Strahl gezeichnet und auf die Linie die nächste Idee geschrieben. Um sicherzustellen, dass der Fluss der Ideen und des Schreibens nicht unterbrochen wird, schreibt man auf die jeweils nächste Linie so lange dasselbe Wort, dieselbe Idee wie auf der vorhergehenden Linie, bis sich eine neue Idee, ein neues Wort ganz von selbst einstellt. So schreibt man fünf Minuten lang, bis alle Strahlen rund um die Sonne gefüllt sind. Noch einmal: Die Idee, der Sinn dieser Methode besteht darin, Gedanken und Ideen wirklich ungehindert und unzensiert fließen zu lassen.

Anschließend betrachtet man die Ideen, alleine oder mit einer vertrauten Person, und beginnt, die entstandenen vielfältigen Ideen zu sortieren, zum Beispiel in einer Mindmap.[10] Eine Mindmap,

10 Mindmapping ist auch online möglich, zum Beispiel unter www.mindmeister.com/de.

in der die Ideen nach Oberthemen (»Ästen«) und Unterthemen (»Zweigen«) sortiert und geordnet werden, hat den Vorteil, dass man beim Sortieren und Visualisieren der Ideen durch das Anfügen von »Zweigen« und »Blättern« relativ einfach neue, weiterführende Ideen entwickelt. Natürlich können und dürfen an dieser Stelle auch die nicht passenden, die wirklich nicht realisierbaren Ideen aussortiert und verworfen werden.

Aus dieser nunmehr ganz passgenau auf Sie persönlich zugeschnittenen Sammlung von realistischen Möglichkeiten, sich beruflich neu zu orientieren, können Sie nun die letzte Frage klären: *Was will ich machen?* Durch das vorangehende Verfahren ist gewährleistet, dass nunmehr nur noch Alternativen zur Debatte stehen, die wirklich zu Ihnen passen und die auch tatsächlich realisierbar sind.

Wie finde ich das?

Neben den in diesem Buch genannten Möglichkeiten, Adressen und Weblinks wird einer der ersten Schritte natürlich eine detaillierte Google-Recherche rund um den beruflichen Bereich sein, in dem ich mich neu orientieren möchte.

Die Erfahrungsberichte in diesem Buch zeigen auch, wie wichtig es ist, vielfach gut vernetzt zu sein. Der erste Schritt, wenn ich entschieden habe, mich beruflich neu zu orientieren, besteht deshalb darin, allen Menschen, die ich kenne und mit denen ich beruflich und privat zu tun habe, davon zu erzählen, dass ich etwas Neues plane und was ich suche. Im schulischen Umfeld werde ich diese Information natürlich erst dann verbreiten, wenn die Entscheidung zu gehen bereits klar und kommuniziert ist.

Für effizientes Netzwerken eignen sich Freizeitgruppen und -vereine in besonderer Weise, beispielsweise Chöre oder Sportvereine. Die Vielfalt derjenigen, die hier zusammenkommen, von denen jeder einzelne wieder über ein eigenes Netzwerk verfügt, ist so groß, dass sich darüber häufig relativ schnell und einfach neue und weiterführende Kontakte ergeben.

Ebenfalls wichtig ist es heute, »virtuell« gut vernetzt zu sein. Dazu gehört vor allem eine aktiv gepflegte Mitgliedschaft beim Business-Netzwerk *xing.com* oder *linkedin.com*. Wichtig ist ein attraktives Facebook-Profil mit einem klug gepflegten »Freundes«-Kreis. So sehr bei *facebook.com* auch die Menge zählt, sollte man doch darauf achten, dass sich niemand im »Freundes«-Kreis befindet, der dem eigenen Image insbesondere mit Blick auf den Berufswechsel eher abträglich sein könnte. Gleichzeitig darf man mit seinen Facebook-Freunden durchaus großzügig sein. Einen »Freund« bei Facebook zu haben bedeutet nun mal etwas anderes, als einen Freund im wirklichen Leben zu haben. Da Vernetzung das A und O bei Facebook darstellt, weil jeder der eigenen 100, 200 oder mehr »Freunde« selbst wieder mindestens so viele »Freunde« hat (und die dann auch wieder ...), kann man über Facebook relativ einfach und schnell eine große Zahl von Menschen erreichen. Das kann besonders dann attraktiv und förderlich sein, wenn man eigene Ideen, auch Geschäftsideen bekannt machen will.

Facebook eignet sich auch, um die eigene Website, den eigenen Blog zu promoten. Auch eine möglichst aktive Beteiligung in anderen sozialen Netzwerken, vor allem bei *twitter.com*, können förderlich sein, um mit anderen in Kontakt zu treten, um Ideen und Kontakte zu bekommen oder um eigene Ideen und Themen bekannt zu machen.

Noch wichtiger, als in virtuellen Social Networks unterwegs zu sein, ist es, aktiv am echten sozialen Leben teilzunehmen. Wobei es durchaus möglich ist, dass man Anregungen und konkrete Möglichkeiten dafür wiederum in den Social Networks findet, beispielsweise über Treffen von Menschen, die sich mit einer Geschäftsidee selbstständig machen wollen.

Wie anfangen und durchhalten? Was tun gegen den inneren Schweinehund?

Wenn dann also wirklich alles klar ist, die eigenen Wünsche und Stärken, realistische Berufsalternativen und mögliche Wege dorthin sorgfältig geklärt sind, die eigene Überzeugung stark genug ist und vielleicht schon erste Schritte zur Umsetzung des Plans, neu zu starten, umgesetzt wurden, dann muss man doch darauf vorbereitet sein, dass einem häufig noch »jemand« gerade den Anfang schwer macht: der »innere Schweinehund« und die Krankheit, die er meistens mit sich bringt, die »Aufschieberitis«. Der innere Schweinehund beherrscht sein Geschäft bestens, Zweifel in uns zu säen und uns immer wieder mit unserer Bequemlichkeit zu konfrontieren. Bei jedem neuen Schritt, den wir gehen wollen, der oft mit Anstrengungen und Unsicherheiten und meistens auch mit Überwindung und harter Arbeit verbunden ist, versucht er, uns seine Verlockungen einzuflüstern, die alle nur ein Ziel haben: uns davon abzuhalten, die notwendigen Schritte zu gehen. Er flüstert uns ein, was es doch gerade jetzt an anderen, »wichtigen« und interessanten Dingen zu tun gibt und dass es doch schließlich noch ein Morgen (und morgen ein Übermorgen und so weiter) gibt, wo man das, was man sich eigentlich vorgenommen hatte, auch noch wunderbar erledigen kann ...

Besonders »gut« ist der »Schweinehund« zu Hause im Internet. Kaum haben wir den Computer angestellt, um, wie wir es uns beispielsweise vorgenommen hatten, zügig Adressen von Ansprechpartnern zu googeln, mit denen wir auf unserer Suche nach beruflichen Alternativen Kontakt aufnehmen wollten, schon hat er uns mindestens zehn vermeintlich interessante und »wichtige« Ablenkungen gezeigt: hier ein ganz wichtiger Artikel, der doch hervorragend zu unserem Thema passt, der wiederum auf andere interessante Quellen verlinkt. Und überhaupt müssten doch eigentlich erst noch ein paar E-Mails dringend bearbeitet werden ... Und ehe man sich's versieht, ist schon wieder eine Stunde rum, man hat sich also unbedingt eine Pause verdient. Da gab's doch dieses witzige Video auf *youtube.com*, von dem die Freunde alle sprechen, oder diese sensationelle App fürs Smartphone, die angeblich ein absolutes Muss ist. Also die noch schnell runtergeladen und ausprobiert ...

Und unser innerer Schweinehund lacht sich ins Fäustchen, denn er hat mal wieder gewonnen und uns erfolgreich mit Aufschieberitis infiziert! Noch schlimmer: Uns fehlt das Gefühl, etwas wirklich Wichtiges geschafft zu haben. Uns fehlt das innere Gefühl der Befriedigung, mit unserem Anliegen vorangekommen zu sein; uns fehlt das belohnende Gefühl, wirklich etwas geschafft zu haben. Dieses Gefühl der Belohnung ist aber ein notwendiger Impuls dafür, auch morgen wieder anfangen zu können – gegen alle inneren Nörgler und Schweinehunde, weil man weiß, wie gut es sich anfühlt, den schwierigen Teil angegangen und geschafft zu haben.

Ein sehr erfolgreicher Trick, den inneren Schweinehund zu besiegen, besteht darin, dass man sich den Verführungen und Ablenkungen nur so weit aussetzt, dass man nicht in Gefahr gerät, ihnen zu verfallen. Das heißt konkret zum Beispiel, dass man ab und zu den Computer bewusst auslässt und stattdessen »analog« arbeitet. Insbesondere Arbeitsphasen, in denen Kreativität gefragt ist, das Produzieren oder Sortieren von Ideen und Gedanken, auch das Formulieren kleinerer Textabschnitte, können hervorragend »klassisch« mit Papier und Stift bearbeitet werden, der Entwurf von Texten auch mithilfe von Diktiergerät oder entsprechenden Smartphone-Apps. Für besonders hartnäckige Kandidaten, die den Ablenkungen der digitalen Welt zu leicht erliegen, helfen einfache Computerprogramme, die den Computer nach einer zuvor eingestellten Zeit automatisch herunterfahren.

Das klassische Beispiel für diese Strategie ist der antike Held Odysseus, der dem verführerischen Gesang der Sirenen lauschen wollte. Hätte er sich einzig auf seine Willenskraft verlassen, wäre er kläglich gescheitert. Stattdessen ließ er sich vorab an den Mast seines Schiffes binden, um den Genuss der betörenden Klänge schadlos zu überstehen. »Precommitment«, also »Vorfestlegung« hat der Ökonomie-Nobelpreisträger Thomas Schelling diese Art des Selbstmanagements genannt, die offenbar der Weg zum Glück ist.

Weitere typische Aufschieberitis-Strategien sind übrigens Hausarbeit erledigen oder telefonieren. Ein wichtiges Moment, um der Aufschieberitis (fachsprachlich »Prokrastination«) Herr zu werden, besteht darin, sich konsequent nach getaner Arbeit selbst zu belohnen. Hilfreich ist es auch, mit zeitlich überschaubaren Arbeitseinheiten zu beginnen, also eine, maximal zwei Stunden, und sich anschließend zu belohnen – sich beispielsweise 20 Minuten Zeitungslektüre bei einer Tasse Kaffe zu gönnen oder auch eine »Spaßrunde« am Computer, eine private Mail, einen kurzen Chat, ein witziges YouTube-Video oder ein kleines Computerspiel. Aber, wie gesagt, all das erst *nach* bewusst getaner Arbeit. Falls die Belohnung mithilfe des Computers erfolgt, sollte der Computer sich nach der zuvor festgelegten Belohnungs- oder Entspannungszeit von beispielsweise 20 Minuten automatisch abschalten, um eine deutliche Zäsur zu setzen, dass nun eine neue Arbeitsphase beginnt. Insgesamt gilt: Zwei Stunden effektive Arbeit am Tag sind mehr wert als endloses Gequäle über die Woche verteilt.

Weitere Tipps, die helfen, den inneren Schweinehund zu besiegen

→ Schreiben Sie bereits am Vorabend auf, was Sie am nächsten Tag bis um wie viel Uhr geschafft haben – nicht, was Sie tun wollen. Also z. B.: »12 Uhr: vier Seiten des Artikels geschrieben«.
→ Schreiben Sie wirklich auf, was Sie bis wann erledigt haben – denken Sie es nicht bloß und nehmen Sie es sich nur im Kopf vor.
→ Definieren Sie möglichst kleine und konkrete Schritte, die in dieser Sache als Nächstes getan werden.
→ Legen Sie pro Tag einen genauen Zeitpunkt, eine klare Zeitspanne und einen konkreten Ort fest, an dem dieser nächste Schritt getan werden soll.
→ Achten Sie darauf, sich nicht von vornherein mehr vorzunehmen, als Sie schaffen können.
→ Nutzen Sie Hilfswerkzeuge, die Ihnen vertraut und sympathisch sind: Wenn Sie ein eher »analoger« Typ sind, verwenden Sie beispielsweise Haftnotizzettel in unterschiedlichen Farben; wenn Sie »digital« arbeiten, nutzen Sie Notiz- und Erinnerungstools und Apps auf dem Computer und Smartphone.
→ Definieren Sie Ihre Ziele »SMART«: spezifisch, messbar, attraktiv, realistisch und terminierbar.
→ Arbeiten Sie vom großen Ziel aus rückwärts: Unterteilen Sie es zunächst in mehrere große Schritte, dann in immer kleinere. Ihr Entwicklungsplan könnte ein oder zwei Jahre, ebenso gut auch fünf oder mehr Jahre umfassen. Hauptsache, Sie halten nicht starr daran fest, sondern passen ihn den Wendungen des Lebens an.
→ Gemäß der SMART-Regel »realistisch sein«, sollten Zwischenziele nicht zu hoch gesteckt werden. Wenn man sie trotzdem nicht erreicht, sagen Sie nicht: Ich habe 40 Prozent nicht geschafft, sondern: Ich habe 60 Prozent erreicht. Seien Sie nachsichtig mit sich.

Oder doch bleiben?!

Wenn Sie nun,

→ nachdem Sie die Beispiele der Menschen gelesen und reflektiert haben, die »ausgestiegen« sind, die für sich die unterschiedlichsten Alternativen zum Lehrerberuf gefunden haben,
→ nachdem Sie die vielfältigen Möglichkeiten kennengelernt haben, auf der Grundlage einer Lehrerausbildung in ganz anderen Berufsfeldern aktiv sein zu können,
→ nachdem Sie für sich und in Gesprächen mit Freunden, Bekannten oder Beratern genau reflektiert haben, wie stark Ihr Impuls »Raus aus der Schule!« wirklich ist, wie notwendig möglicherweise eine alternative Berufstätigkeit für Ihr emotionales und körperliches Wohlbefinden ist und wie bereit Sie sind, den »goldenen Käfig« einer sicheren Stelle mit relativ guter, lebenslanger Bezahlung zu verlassen,

wenn Sie dann zu dem Ergebnis gekommen sind, dennoch zu »bleiben«, dann sollten Sie alles dafür tun, in diesem Beruf glücklicher, erfüllter, motivierter und zufriedener arbeiten zu können als das bisher der Fall war! Hierzu ein paar Ideen:

→ Beenden Sie die Phase des Nachdenkens, der Selbstreflexion deutlich und aktiv! Machen Sie sich (und anderen!) gegenüber deutlich, dass Sie gezweifelt haben, dass Sie an sich und Ihren Fragen aktiv gearbeitet haben und dass Sie sich nach sorgfältiger und genauer Klärung entschieden haben. Sagen Sie sich und anderen gegenüber klar und deutlich Ja zum Lehrerberuf: Ja, ich will und ich werde Lehrer/in sein und alles dafür tun, diesen Beruf auch gerne auszuüben!
→ Nutzen Sie die Erkenntnisse Ihrer »Gehen-oder-bleiben-Reflexion«: Was haben Sie dabei über sich, über Ihre Kompetenzen und Stärken, über die spannenden und lohnenden Seiten des Lehrerberufs entdeckt?

- → Blicken Sie zurück auf Ihre gesamte Zeit als Lehrer/in: An welche positiven, gelungenen Momente können Sie sich erinnern? Versuchen Sie, diese noch einmal lebendig werden zu lassen: Was genau ist da passiert? Was haben Sie gemacht, woran könnte es gelegen haben, dass Ihnen dieser Moment als Lehrer/in gelungen ist?
- → Erinnern Sie sich auch an die Momente in Ihrer Zeit als Lehrer/in, in denen Sie sich nicht gut gefühlt haben, aus denen Sie aber gelernt haben: Wie genau haben Sie aus bestimmten Erfahrungen gelernt? Welche Situationen konnten Sie durch Ihr Lernen aus eigenen »Fehlern« positiv beeinflussen?
- → Führen Sie ein Tagebuch, in dem Sie – am bestens mehrmals täglich – kleine und kleinste positive Überraschungen und Entdeckungen im Unterricht und in der Schule festhalten. Entdeckungen über sich, über einzelne Schülerinnen und Schüler, über Kolleginnen und Kollegen, über Ihre Schule …
- → Suchen Sie Kontakt zu Menschen und zu Kolleginnen und Kollegen, die gerne Lehrer sind! Lassen Sie sich von der Stimmung dieser Menschen inspirieren! Erzählen Sie davon, dass Sie täglich auf der Suche nach kleinen positiven Überraschungen und Entdeckungen im Lehrerberuf sind. Lassen Sie sich von den Entdeckungen anderer inspirieren! Und machen Sie einen großen Bogen um die Jammerer, Schlechtgelaunten, Schimpfer und am meisten um diejenigen, für die »die Schüler« ausschließlich dumm, faul und verhaltengestört sind.
- → Seien Sie ungeduldig mit sich selbst, definieren Sie kleine und kurzfristige Ziele und kontrollieren Sie die Erreichung Ihrer Ziele. Die Ungeduld ist ein hilfreicher und notwendiger Kontrapunkt zur Bequemlichkeit, zum immer wieder vorschnellen »Geht nicht«, »Vielleicht«, »Vielleicht morgen«, zu den vielen »Sollte«- und »Müsste«-Konjunktiven. Solche kleinen Ziele können zum Beispiel sein: Ich notiere nach jeder Stunde eine positive Entdeckung über mindestens einen Schüler. Ich betrete den Klassenraum mit einem Lächeln. Ich lobe einzelne Schülerinnen und Schüler oder sogar die ganze Klasse. Ich beginne den Unterricht damit, die Schülerinnen und Schüler von einem interessanten Erlebnis berichten zu lassen. Ich beginne

den Unterricht mit einer Quizaufgabe à la »Wer wird Millionär?«.

- → Machen Sie sich Ihre kleinen Erfolge bewusst, nehmen Sie wahr, dass das *Ihre* Erfolge sind, egal wie klein! Halten Sie Ihre »Geht doch!«-Erfahrungen in Ihrem Tagebuch fest. Seien Sie »eingebildet«, machen Sie sich bewusst, dass das *Ihr* Erfolg ist, ein Erfolg, der auf Ihrem Handeln, Ihrem Auftreten basiert!
- → Konzentrieren Sie sich auf die Aufgaben und Bereiche, die Sie tatsächlich beeinflussen können, statt sich von den Bergen der Schwierigkeiten und Unerreichbarkeiten erdrücken zu lassen.
- → Verabschieden Sie sich konsequent von dem »Ganz-oder-garnicht«-Denken. Es gibt nicht nur Super-Lehrer oder schlechte Lehrer, sondern viele Abstufungen dazwischen. Vor allem gibt es zufriedene und respektierte Lehrerinnen und Lehrer, die einen Teil ihrer beruflichen Zufriedenheit daraus ziehen, genau das zu akzeptieren, die zugleich aber konsequent daran arbeiten, besser zu werden, und beispielsweise Freude daran haben, neue Unterrichtsideen auszuprobieren oder Kontakt zu »schwierigen« Schülerinnen und Schüler zu finden. Wer täglich daran arbeitet, ein bisschen besser in seinem Beruf zu werden, wird ein sehr guter – und zufriedener – Lehrer sein.

Literatur- und Internetquellen

Agentur für Arbeit Göttingen, Hochschulteam (2011): www – Stellensuche im Internet. Jobbörsen für Akademiker. www.arbeitsagentur.de/Dienststellen/RD-NSB/Goettingen/AA/A04-Vermittlung/Allgemein/Generische-Publikationen/Stellensuche-im-Internet.pdf (Abruf 30.3.2012).

Agentur für Arbeit Kiel, Team Akademische Berufe (2012): Arbeitsfelder für Geisteswissenschaftler – Alternativen für Lehrer. Ausgabe 01/12: www.arbeitsagentur.de/Dienststellen/RD-N/Kiel/AA/01-AA-Seiten-nach-Navigation/01-Buerger-Buergerinnen/Publikation/pdf/Info-5.pdf (Abruf 30.3.2012).

Helmke, Andreas (2010): Unterrichtsqualität und Lehrerprofessionalität. 3. Aufl. Seelze: Kallmeyer.

http://berufenet.arbeitsagentur.de/berufe/index.jsp (Abruf 30.3.2012).

http://kursnet-finden.arbeitsagentur.de/kurs/(Abruf 30.3.2012).

http://gerhardsennlaub.de (Abruf 30.3.2012).

http://gestreift-beruehrt-geteilt.blogspot.de (Abruf 30.3.2012).

http://riecken.de (Abruf 30.3.2012).

Schaarschmidt, Uwe (2005): Halbtagsjobber? Psychische Gesundheit im Lehrerberuf. 2. Aufl. Weinheim/Basel: Beltz.

Schaarschmidt, Uwe/Kieschke, Ulf (2007): Gerüstet für den Schulalltag. Psychologische Unterstützungsangebote für Lehrerinnen und Lehrer. Weinheim/Basel: Beltz.

Schmidt, Loki (2005): Mein Leben für die Schule. Hamburg: Hoffmann und Campe.

Schulz von Thun, Friedemann (1990): Miteinander reden. Band 2: Stile, Werte und Persönlichkeitsentwicklung. Reinbek bei Hamburg: Rowohlt.

Schulz von Thun, Friedemann (1998): Miteinander reden. Band 3: Das »innere Team« und situationsgerechte Kommunikation. Reinbek bei Hamburg: Rowohlt.

Unruh, Thomas (2011): Der Lehrer-Coach. Praxiserprobte Tipps für den Lehreralltag. 5. Aufl. Buxtehude: AOL-Verlag.

Unruh, Thomas/Petersen, Susanne (2011): Guter Unterricht. Praxishandbuch. Handwerkszeug für Unterrichtsprofis. 12. Aufl. mit Video-DVD. Buxtehude: AOL-Verlag.

www.cct-germany.de (Abruf 30.3.2012).

www.cct-germany.de/de/0/tests/lis/1 (Abruf 30.3.2012).

www.guterunterricht.de (Abruf 30.3.2012).

www.vbe.de/angebote/potsdamer-lehrerstudie/fit-fuer-den-lehrerberuf.html (Abruf 30.3.2012).